"十三五"国家重点出版物出版规划项目 ｜ "一带一路"与文化发展研究系列丛书

SILU FEIYI DE JIAZHI FAXIAN YU CHONGSU
——YI SILU XINJIANGDUAN WEILI

丝路非遗的价值发现与重塑
——以丝路新疆段为例

◎杨 红 郑 亮 著

知识产权出版社
全国百佳图书出版单位
——北京——

图书在版编目（CIP）数据

丝路非遗的价值发现与重塑：以丝路新疆段为例 / 杨红，郑亮著 . — 北京：知识产权出版社，2022.11

ISBN 978-7-5130-8411-6

Ⅰ . ①丝… Ⅱ . ①杨… ②郑… Ⅲ . ①非物质文化遗产—研究—新疆

Ⅳ . ① G127.45

中国版本图书馆 CIP 数据核字（2022）第 193493 号

内容提要

回顾历史，绵延丝路而行的丝绸、陶瓷、香料、茶叶、金属、纸张等都属于物质商品，而从深层次上传播的是背后的手工制作技术及生产生活方式，这些有形无形的文化遗产至今仍在丝路沿线人们的日常生活中传承和传播着，成为东西方交流最直接的载体和民心相通的历史见证。本书基于当代非物质文化遗产生产性保护及相关业态融合发展的状况，对丝路新疆段非物质文化遗产的价值进行了重塑。

本书适合对活态存续于新疆的传统表演艺术、传统手工艺、传统节日等非物质文化遗产感兴趣的读者阅读。

责任编辑：李石华　　　　　　　　　　责任印制：孙婷婷

丝路非遗的价值发现与重塑——以丝路新疆段为例
SILU FEIYI DE JIAZHI FAXIAN YU CHONGSU——YI SILU XINJIANGDUAN WEILI

杨　红　郑　亮　著

出版发行：知识产权出版社 有限责任公司		网　　址：http：//www.ipph.cn	
电　　话：010-82004826		http：//www.laichushu.com	
社　　址：北京市海淀区气象路50号院		邮　　编：100081	
责编电话：010-82000860转8072		责编邮箱：lishihua@cnipr.com	
发行电话：010-82000860转8101		发行传真：010-82000893	
印　　刷：北京建宏印刷有限公司		经　　销：新华书店、各大网上书店及相关专业书店	
开　　本：720mm×1000mm　1/16		印　　张：10	
版　　次：2022年11月第1版		印　　次：2022年11月第1次印刷	
字　　数：150千字		定　　价：52.00元	

ISBN 978-7-5130-8411-6

前 言

2013 年，共建"丝绸之路经济带"和"21 世纪海上丝绸之路"（以下简称"一带一路"）倡议的提出，开启了复兴古丝绸之路、和平发展新丝绸之路的新篇章。

回顾历史，从表面上看，这条商路上运送的丝绸、陶瓷、香料、茶叶、金属、纸张等都属于物质商品，而深层次上传播的是伴随物质商品的手工制作技术及生产生活方式，这些无形的东西很大部分就是我们今天所称的"非物质文化遗产"。

截至 2017 年，在入选世界遗产名录的 1052 项中，"一带一路"有代表性的 65 国所拥有的世界遗产共计 351 项，超过世界遗产总数的 1/3。从文化遗产这类文明佐证物的分布状况，可以看到"一带一路"对文明发展、交流、进步的巨大作用，可以印证："文明的多样性是人类文明发展的传播性规律、文明交流互鉴是世界文明发展的动力性规律、文明进步构成文明圈相互影响的主导性规律。"❶概而言之，多元促传播，传播促发展，发展又会反作用于

---

❶ 文明传播课题组 . 从丝绸之路到"一带一路"：文明交流互鉴的全球化认知与人类命运共同体的构建 [J]. 文明 ,2017（5）：22.

多元。其中，多元文化在传播交流中相互间的融合、个体内的流变值得深度研究。

"一带一路"倡议提出后，"丝绸之路"成为政治、经济、文化研究的一种主流视域，成为国内各学科研究聚焦的一个热点。在文化遗产保护领域，2014 年，作为"文化线路遗产"（Cultural Route Heritage），由中国、哈萨克斯坦、吉尔吉斯斯坦三国跨国联合申报的"丝绸之路：长安——天山廊道的路网"被列入《世界遗产名录》。可以说，"文化丝路遗产"成为文化及泛文化研究的一个焦点。

仍旧在丝路沿线人们日常生活中传承和传播着的非物质文化遗产，在可能纷至沓来的保护及开发行为面前，亟须理性发掘其在保护丝路文化多样性、映照与维系东西方文化交流中的独特价值；亟须基于当代非遗生产性保护及相关业态融合发展的状况，判断其显现的价值走向和传播方向，继而促进这些传统文化事象和艺术表现形态在当代的共享共用；在趋利化、碎片化、同质化等融合变异的负向影响下，亟须提出丝路非遗价值认定取向、价值重塑方向，继而在继承和发展中保留文化精神、民族智慧、审美传统等核心特质。

"世界上历史悠久、地域辽阔、自成体系、影响深远的文化体系只有四个：中国、印度、希腊、伊斯兰……而这四个文化体系汇流的地方只有一个，就是中国的敦煌和新疆地区。"[1] 作为多元文明的汇聚之地，丝路沿线的新疆、甘肃及西藏、青海、宁夏、陕西等是文化体系汇流研究的最佳样本，尤其是新疆。本书着眼于多元文化在传播交流中个体的流变，聚焦非物质文化遗产的当代流变，因而丝路新疆段是极佳的研究范围和案例来源。

丝路新疆段大多数非物质文化遗产项目的形成、传习都是在一个相对开放的环境中进行，其融合、流变状况与项目的价值判断、存续能力息息相关。

---

[1] 钟民和. 一个真实的新疆 [M]. 北京：人民出版社，2009:10.

比如，国家级非物质文化遗产项目新疆曲子，其孕育形成于清代晚期，是陕西"曲子"（越调）、兰州"鼓子"（鼓子调）、青海"平弦"（平调）及西北等地的其他民间俗曲传入新疆后，受新疆汉语方言字调的影响，并与新疆多民族音乐艺术相融合，逐渐形成的地方曲艺品种。又如，维吾尔族谚语的内容明显受到了阿拉伯文化、中原汉族文化、古波斯文化、古印度文化的多元影响；维吾尔族人所跳的"皮尔洪"舞，源自萨满教的跳神舞，而其结婚仪式中跳过或绕过火堆的习俗，又可能是拜火教的遗风；新疆汉族民歌、小戏几乎都具有"多元文化里熔铸，流动变异中传承"的特点。这种融合和流变带来了题材的多元、技法的完善、传承的接续等，是正面的影响，但也可能会因生活环境改变、现代化冲击等带来负面影响。

概而言之，丝路沿线非物质文化遗产为"一带一路"提供了重要的文化支撑。正因为非物质文化遗产对于丝绸之路及今天"一带一路"倡议的重要意义，本书着重关注丝路沿线尤其是新疆段非物质文化遗产的存续状况与流变特征，通过观察当代所发生的主动或被动改变，分析该地域非物质文化遗产保护的现存问题与演进方向；结合国家倡议方向和现实发展需要，在认识丝路非物质文化遗产价值时，以更为动态、辩证的视角去确认和判定其当代价值。

需要说明的是，本书相关研究得到了国家社科基金艺术学项目"丝绸之路新疆段非物质文化遗产的当代流变分析"的资助，深表感谢！

目　录

第一章　丝路新疆段非遗保护现状 ···（1）

　　第一节　非遗资源丰富，保护措施多样 ·································（2）

　　第二节　主要非遗门类的存续状况概述 ·································（5）

第二章　丝路新疆段非遗研究概述 ···（29）

　　第一节　本体研究综述 ···（30）

　　第二节　交叉研究综述 ···（36）

第三章　文化汇流与非遗流变 ···（39）

　　第一节　在文化汇流之地研究个案流变 ·······························（40）

　　第二节　从流变研究到价值取向 ···（45）

　　第三节　从非遗存续力和价值看待非遗的当代流变 ···············（48）

　　第四节　从当代流变研究出发的创新点与难点 ·······················（51）

第四章　丝路非遗当代流变的主要原因 ·················（55）

　　第一节　被动：传统业态消失和生活方式改变·············（56）

　　第二节　主动：顺应时代变迁和适应当代需求·············（59）

　　第三节　外因：政府与市场引导下的更新·················（61）

　　第四节　内因：时代发展萌生的创新意识·················（64）

第五章　伊犁州民族服饰的传承与流变 ·················（67）

　　第一节　实地走访伊犁州的非遗传承人·················（68）

　　第二节　传承有序的主要支撑·························（69）

　　第三节　传统工艺价值的放大与转型的方向·············（74）

第六章　高校开展的非遗传承人群研培计划 ·············（77）

　　第一节　跟踪石河子大学的非遗研培·················（78）

　　第二节　石河子大学非遗传承人群研培体系的建立与完善·········（83）

第七章　哈密维吾尔族刺绣"传统工艺工作站" ·············（93）

　　第一节　维吾尔族刺绣有了工作站·················（94）

　　第二节　传承发展中的特点·························（96）

　　第三节　流变后的正向表现·······················（101）

　　第四节　流变中的两个坚持·······················（104）

第八章　从生态文化角度解读"诺鲁孜节" ·············（107）

　　第一节　丝路跨境非遗项目"诺鲁孜节"·············（108）

　　第二节　从生态文化角度看诺鲁孜节·················（111）

　　第三节　现代社会可从诺鲁孜节中获取生态建设的智慧·········（121）

第九章　丝路新疆段非遗流变中的价值取向 ·············（123）

　　第一节　非遗项目的存续与流变状况··············（126）

　　第二节　流变对当代非遗传承发展的正面影响··········（135）

　　第三节　流变对文化多样性的负面影响············（140）

　　第四节　正视流变的价值················（143）

主要参考文献 ·······················（145）

后　记 ·························（149）

第一章

丝路新疆段非遗保护现状

　　新疆非物质文化遗产资源丰富而多元，民族民间特征浓郁，涵盖了我国非遗代表性项目名录体系的十大门类，是中华优秀传统文化的重要组成部分。

第一节　非遗资源丰富，保护措施多样

截至 2020 年，新疆维吾尔木卡姆艺术、玛纳斯及麦西热普 3 个非物质文化遗产项目被列入《人类非物质文化遗产代表作名录》《急需保护的非物质文化遗产名录》。国务院公布的四批国家级非物质文化遗产代表作名录中，新疆共有 83 项非物质文化遗产项目入选；自治区级非物质文化遗产项目共有 293 项，地市级非物质文化遗产名录项目共有 535 项，县级非物质文化遗产项目共有 2480 项，业已建立四级非物质文化遗产代表性项目名录体系，且涵盖了名录体系的十大门类，资源丰富而多元，民族民间特征浓郁，是中华优秀传统文化的重要组成部分。这些项目在门类、地域分布上呈现如下特点：①新疆非物质文化遗产的主要类型为传统手工技艺、传统音乐、民俗、民间文学，而传统医药、曲艺、传统戏剧项目类型较为稀缺；②非物质文化遗产项目整体表现为聚集分布，呈非均衡集中分布，主要集中在喀什地区、伊犁哈萨克自治州（以下简称"伊犁州"）直属县（市）、乌鲁木齐市、巴音郭楞蒙古自治州等地；③北疆形成以哈萨克族、锡伯族、乌孜别克族、达斡尔族、塔塔尔族、俄罗斯族等民族的非物质文化遗产项目为主体的分布区，南疆与东疆形成以维吾尔族的非物质文化遗产项目为主体的分布区；④区域间呈组团式分布，民族性与地域性显著。❶

---

❶ 张佳运，高敏华. 新疆自治区级非物质文化遗产空间分布及地域分区研究［J］. 干旱区地理，2016，39（5）：1128-1134.

　　按照《中华人民共和国非物质文化遗产法》和联合国教科文组织《保护非物质文化遗产公约》的要求，新疆维吾尔自治区按照"国家非遗保护工程"的进程，对非物质文化遗产代表性项目、代表性传承人实施普查记录、申报认定、传承传播、发展振兴等各项保护措施。新疆维吾尔自治区原文化厅成立了非物质文化遗产处、新疆非物质文化遗产保护中心，主管和实施这些保护工作。新疆生产建设兵团文化体育广电和旅游局也成立了文物和非物质文化遗产处，组织开展非遗工作。

　　十多年来，全国对非物质文化遗产分步骤实施了法制化保护、分类保护、整体性保护、生产性保护等保护措施，新疆维吾尔自治区也相应开展了相关工作。

　　从《中华人民共和国非物质文化遗产法》到《新疆维吾尔自治区非物质文化遗产保护条例》，新疆非物质文化遗产的保护工作做到了有法可依。新疆 2008 年就颁布并实施了《新疆维吾尔自治区非物质文化遗产保护条例》，在依法保护非物质文化遗产方面走在前列；《中华人民共和国非物质文化遗产法》于 2011 年颁布实施，更是从国家法的高度保证了这项工作的宏观有序开展。

　　新疆维吾尔自治区还相继设立了生产性保护基地、展示传播基地、教育普及基地、研究培训基地、民族传统节庆活动保护基地、文化生态保护实验区等，非物质文化遗产分类保护有序进行。比如，喀什地区疏附县吾库萨克乡热合曼·阿布都拉传习所被原文化部命名为首批国家级非物质文化遗产生产性保护示范基地，而喀什地区莎车县维吾尔木卡姆文化生态保护实验区、伊犁地区新源县哈萨克族文化生态保护实验区、喀什地区塔什库尔干县塔吉克族文化生态保护实验区和伊犁地区察布查尔县锡伯族文化生态保护实验区成为首批自治区文化生态保护实验区。前者为手工技艺类非物质文化遗产的生产性保护提供了可供参考和考察的个案；后者为新疆民族聚居区域的非物质文化遗产整体性保护提供了可供参考的范例。生产性保护与整体性保护的深入推进对促进新疆非物质文化遗产的可持续保护、传承与发展具有重要意义。同时，我们也应该注意到非物质文化遗产保护在基层实施过程中仍旧存在一些问题：有的工作存在象征性、形式化、表面化的问题，有的并未解决有效保护与活态传承非物质文化遗产的实际性问题。

第二节　主要非遗门类的存续状况概述

一、口头传承丝路故事：民间文学

新疆维吾尔自治区世代生活着维吾尔族、汉族、哈萨克族、蒙古族、回族、柯尔克孜族、乌孜别克族、塔塔尔族、达斡尔族、满族、锡伯族、塔吉克族和俄罗斯族人民，这13个民族被称为"新疆世居民族"。新疆民族众多却不像云南，云南的很多少数民族处在一个相对封闭的地理和社会环境中，新疆的世居民族处在多元文明的汇聚之地，在长期的接触与交流过程中，各民族语言、宗教、风俗等文化传统呈现互相影响、融合互动的状态。因而，千百年来，新疆世居各民族的宗教信仰、语言文字、社会民俗等均在流变状态之中。当代在延续这种自然状态的流变之外，也面临着外部影响变大、民族间交流加强等新情况，这些变化共同形塑了当代新疆民间文学类非物质文化遗产的基本面貌。

数量众多的民间文学类非物质文化遗产被纳入各级名录体系以后，民族民间文学活态传承的面貌较之20世纪有了明显改善。2009年10月5日，柯尔克孜族英雄史诗《玛纳斯》被列入《人类非物质文化遗产代表作名录》，这是新疆三个进入《人类非物质文化遗产代表作名录》项目之一。此外，新疆共有10项民间文学类非物质文化遗产代表性项目进入国家级名录体系，包括玛纳斯、江格尔、格萨（斯）尔、维吾尔族达斯坦、哈萨克族达斯坦、柯尔克孜约隆、祝赞词、恰克恰克、阿凡提故事和西王母神话。可见民间文学类非物质文化遗产在新疆非物质文化遗产各门类中的资源富集程度和价值表现，同时也对民间文学类的保护具有重要的正向意义。

新疆民间文学类非物质文化遗产内容既体现了各民族鲜明的传统文化特色，又见证了各民族从多元文化交流到和谐交融的历史，且也包含着各民族历史起源、社会风俗变迁、宗教信仰变化等丰富内容。这些遗产见证了新疆各族人民交往过程中解决历史现实问题的智慧，同时也表现出其某些共同共通的价值观念。具体来说，新疆民间文学类非物质文化遗产具有口头性、传承性、交流性等特征。

（一）口头性：从口头到口头与书面并存流传

口头性是新疆民间文学类非物质文化遗产的主要特征。无论是人类非物质文化遗产代表作《玛纳斯》，还是其他国家级非物质文化遗产代表性项目，都以民间口头传承人为演述的活态载体，凸显了其口头性特征。

以史诗《玛纳斯》为例，它是柯尔克孜族人民口头集体创作的。演唱者玛纳斯奇在柯尔克孜族民间发挥他们的智慧和技艺，口头传承和传播着本民族历史。口头传唱与集体传承相辅相成，在口头交流社会乃至当今社会，那些朗朗上口、平实简易、程式化的语言使古老的文化传统得以不断流传。

与此同时，新疆民间文学类非物质文化遗产也正在经历由"口头"到"口头与书面并存流传"的阶段。众所周知，西方古代的经典史诗大多都已经书面化，而中国（尤其在新疆）的很多史诗仍在民众口头流传；但这并不意味着口头流传与书面流传的版本绝缘，它们之间是一种有益的互动关系。国家级传承人居素甫·玛玛依的哥哥巴勒拜是一位《玛纳斯》的爱好者和搜集记录者，他把玛纳斯奇演唱的《玛纳斯》记录下来，成为手抄本。而这个手抄本成为居素甫·玛玛依学唱《玛纳斯》的主要依据，这便是口头性流传与书面传承的有益互动。

（二）传承性：鲜明的民族传统文化特色

新疆民间文学类非物质文化遗产凸显了新疆各民族的传统文化特色，这也是其传承性的特征。很多天地开辟神话、自然天象神话、人类起源神话、图腾神话之间有着相似的思维模式，这些古老的思维模式为研究者阐释各民族历史、社会风俗和宗教信仰的起源提供了参考。

比如，哈萨克族有白天鹅拯救哈德尔哈力沙，柯尔克孜族有神鹿为其先民引路，这些对远古时代祖先的想象形象生动地体现了民间文学作品尤其是神话、史诗对本民族传统文化的形成与建构起到根本性的作用。

古代神话《西王母神话》、锡伯族的《西迁之歌》、柯尔克孜族的《玛纳斯》、蒙古族的《江格尔》、维吾尔族的《阿凡提故事》等，这些非物质文化遗产代表性项目均鲜明地体现了新疆各民族文化传统和精神。

（三）交流性：多元文化交流与各民族文化融合

被誉为"民族口述史"的史诗，一方面体现了本民族特色文化，同时也见证了多元文化交流与民族文化融合的历史。

一个民族的英雄史诗通过对英雄带领全体民众迁徙远方、共度时艰、抵抗侵略的历史描述，见证了那个民族一段动人心魄、刻骨铭心的族群历史变迁记忆，同时更见证了英雄所体现的伟大民族精神。《库尔曼别克》是柯尔克孜族另一部重要的英雄史诗，主要反映了柯尔克孜族克普恰克部落少年英雄库尔曼别克带领民众抗击蒙古族卡勒玛克人的侵犯，最后血洒疆场的英雄伟绩。

柯尔克孜族这段抗击卡勒玛克人的历史在《玛纳斯》中亦有呈现；哈萨

克族史诗《克里木的四十位英雄》《康巴尔》同样反映了哈萨克族抗击卡勒玛克人的英勇斗争。《克里木的四十位英雄》不仅叙述了哈萨克族英雄带领民众与蒙古族卡尔玛克人做斗争，而且还叙述了卡勒玛克人之前和之后的历史，是真正意义上的哈萨克族民族口述史。柯尔克孜族与哈萨克族作为当时被侵犯的民族，他们的史诗自然描述其抗击侵犯的英勇斗争。而作为反映同一阶段历史内容的蒙古族史诗，其主题内容则是表现蒙古族的英雄们（在被侵犯民族的史诗中成为敌人）开疆拓土的英雄业绩。

同一段历史，不同的叙述，这正是现代历史学家最感兴趣的问题。如果我们能够揭示两套叙事话语的历史形成和演变过程，将对我们呈现多元文化交流视野下的新疆世居民族民间文学或许更具有启示意义。

锡伯族民间叙事诗《拉西罕图》则是见证锡伯族与维吾尔族交流融合的另一典型文本。史诗讲述了锡伯族青年拉西罕图一心出征守边，征得父母和锡伯营领兵的同意后，入伍远战南疆喀什噶尔，拉西罕图在途中与一位美丽的维吾尔族姑娘相识相恋，并终成眷属的故事。叙事诗语言幽默、充满生活气息，通过锡伯族青年拉西罕图的见闻呈现了喀什噶尔的民风民俗，充满了对拉西罕图和维吾尔族姑娘跨族浪漫爱情故事的赞美。诗歌既表现了拉西罕图出征队伍遇到的艰难险阻，又表现了拉西罕图与维吾尔族姑娘为爱情而冲破层层阻挠和困难，是一部锡伯族与维吾尔族民族友好交往的历史见证。

二、丝路艺术重要符号：传统乐舞

新疆的乐舞艺术绚丽多彩，凝结了各民族独特的精神文化与审美取向。新疆乐舞变动不居，而又具有恒久不变的精神特质与独特魅力，是这一方土地上跃动的生命火花。新疆传统乐舞可分为民间乐舞、萨满乐舞和宗教乐舞等类别。民间乐舞又可细分为民间歌曲、民间器乐曲、民间歌舞音乐、民间曲艺音乐、民间舞蹈、民间说唱音乐六类。萨满乐舞有维吾尔族皮尔乐舞、萨玛乐舞，巴合西做法仪式乐舞，锡伯族萨满舞等。宗教乐舞包括阿希克行乞时唱的歌、麦达乐舞、阿肖阔乐舞等。

（一）艺术表达方式的综合性

民间文学、诗歌、演唱、器乐、舞蹈、曲艺等艺术形式在新疆传统音乐、舞蹈类非物质文化遗产中都有所体现。有学者将这一特性称为"多元一体的混成性" ❶。

乐舞不分，乐、舞"二位一体"的现象在新疆传统音乐、舞蹈类非物质文化遗产中非常普遍。也就是说，在舞蹈发生的同时一般也会伴随着音乐的发生，在音乐发生的同时一般也会伴随着舞蹈的发生。因此新疆传统音乐、舞蹈可并称"新疆传统乐舞"。具体而言，又有以下几种情况。

一是综合了传统音乐（演唱、器乐）与民间文学两种表达方式。传统音乐与民间文学的一体性主要表现为三种情况：①有些叙事性民歌本身即包含了丰富的故事情节；②一些史诗、叙事长诗等民间文学作品需要通过演唱来表现；③一些乐器专为民间文学朗诵、表演伴奏，如哈萨克族的库布孜就专为克萨、达斯坦等叙事长诗伴奏。

二是综合了传统音乐（演唱、器乐）、诗歌与舞蹈三种表达方式。乐、歌、舞"三位一体"的现象在新疆传统音乐、舞蹈类非物质文化遗产中也非常普遍。一般来说，有诗歌就会有音乐，有舞蹈也会有音乐，但是有音乐却不一定有诗歌，可见音乐在三者关系中具有显著的统摄作用。很多歌舞中演唱的部分，即是当地有名的民歌，而这些民歌一般采用诗歌体。比如，一部赛乃姆的歌词中有两句：没有见过严冬的夜莺，不知道春天的可贵。没有受

---

❶ 周吉．新世纪维吾尔族传统音乐文化的保护与传承［J］．新疆艺术学院学报，2007（2）：1-5．

过折磨的恋人,不知道忠诚的可贵。❶ 可见,赛乃姆既保留了传统民歌的结构特点,又根据舞蹈的节奏、动作、布局特点,适当变化民歌的结构形式,创造出一种歌舞组合的结构形式。赛乃姆"从强拍始,以弱拍终"❷的强弱相间的节拍方式和"切分节奏"❸就与集体性舞蹈的艺术规律具有一定的关系,歌舞从后半拍开始的特点也与手鼓的伴奏密切相关。从节拍方式上来说,一般自4/4节拍开始,2/4节拍结束;从曲调风格上来说,也从舒缓、沉稳逐渐转化为紧张、热烈。

三是综合了巫术、舞蹈、音乐等表达方式。萨满舞、皮尔舞与巴合西做法仪式舞等都与萨满巫术仪式有关,舞蹈的动作、节奏、结构与巫术仪式非常近似,甚至还遗留了巫医的治疗方式。"巫以歌舞事神,故歌舞为巫觋之风俗也。"❹

(二)艺术形式来源的复杂性与多元一体性

新疆传统音乐类、舞蹈类非物质文化遗产是新疆多元文化交汇的产物。比如,维吾尔族非物质文化遗产赛乃姆,从宗教民俗来说,"赛乃姆"最初是"美女佛"的意思,与佛教崇拜有一定的关系;从渊源上来说,汉唐时期的胡旋舞和柘枝舞可谓是赛乃姆的雏形,赛乃姆中的手持花束邀请舞伴跳舞等动作就是典型的汉唐西域舞蹈语汇,还受到塔吉克族舞蹈的影响;❺从舞蹈动作上来说,既反映了牧、渔、猎的生活方式,又体现了水利灌溉、战争、劳动等集体生活。❻

---

❶ 简其华. 赛乃姆 [J]. 中国音乐, 1983 (1): 68.

❷ 同❶.

❸ "切分节奏"是一种变换强弱位置的节奏,其最典型的节奏是 <u>x x x</u> <u>x x</u>。

❹ 张康林. 原始歌舞与原始宗教 [J]. 音乐探索, 1993 (3): 7.

❺ 这种舞蹈动作按照鼓点节奏挥动臂膀。

❻ 周菁葆. 丝绸之路艺术研究 [M]. 乌鲁木齐:新疆人民出版社, 1994: 334-336.

维吾尔族的十二木卡姆，以及其他木卡姆中就包含了大量的赛乃姆曲调，如十二木卡姆中的琼乃额曼部分、和田木卡姆中的琼乃额曼部分、刀郎木卡姆的第三部分❶、吐鲁番木卡姆的第六部分等。❷正因如此，赛乃姆被称为"属于十二木卡姆组成部分的所有麦西来甫歌舞曲艺形式之母"❸。此外，十二木卡姆中还包含了维吾尔族民间歌谣、察合台文学等内容，俗文化与雅文化合一。

（三）多民族的"混成性"特征

相同的地缘及生活方式，使新疆各民族的乐舞呈现出一定的相同性或相似性特征，这种特性被称为"混成性"。❹下面以维吾尔族和乌孜别克族为例来分析这一特点。

从生活方式上来说，维吾尔族和乌孜别克族都以绿洲农耕为主要生产方式，兼而从事手工业和商业，以定居生活为主。从地缘上来说，这两个民族的生活区域具有一定的重合性，都生活在塔里木盆地四缘的库车、和田、莎车、喀什等地，以及哈密盆地、吐鲁番盆地、伊犁河谷等地。共同的生活方式、地缘使两个民族的乐舞类非物质文化遗产表现出很大的相似性。从美学风格上来说，形成了既深沉、优美、动人、忧伤，又欢快、热烈、粗犷的音乐风格，这两种截然不同、互相冲突的风格杂糅在一起，既体现了这两个民族"对命运的无奈和对上苍的祈求"的悲剧意识，又体现了这两个民族苦中作乐的乐观主义精神。❺

一是相同的民间歌曲。两个民族的民歌中有大量相同的部分，如爱情歌

---

❶ 该部分直接被称作"赛乃姆"。

❷ 该部分也被称作"赛乃姆"，也称作"麦西来甫"。

❸ 买买提明·吾守尔. 伊犁民歌的起源 [M]. 北京：民族出版社，2006：334.

❹ 周吉. 新疆各主要民族的传统音乐文化 [J]. 中外文化交流，1999（1）.

❺ 同❹.

曲、劳动歌曲、习俗歌曲、历史歌曲等。二是相同的乐器与器乐曲。两个民族使用的乐器中，有很大一部分是相同的，在器乐作品中则有内容相同或相近的小合奏曲和套曲等。三是相同的民间说唱音乐。两个民族相同的民间说唱音乐有达斯坦❶、苛夏克❷、埃提西希❸、来派尔❹等。四是相同的木卡姆音乐体裁。维吾尔族有木卡姆，乌孜别克族也有六部木卡姆（即《莎士木卡姆》）。

另外，同属于游牧民族的哈萨克族、柯尔克孜族与蒙古族的传统乐舞类非物质文化遗产也表现出很大的相似性。虽然这三个民族的民歌分类不同，但是它们却具有相似的内容及类型，如爱情歌曲、习俗歌曲、历史歌曲、劝谕歌曲等。哈萨克族的达斯坦，柯尔克孜族的史诗《玛纳斯》和蒙古族的史诗《江格尔》都是以说唱音乐的形式在民间广泛流传。

三、多元文化交融形态：传统戏剧

新疆传统戏剧类非物质文化遗产具有历史悠久、丰富多元的特点。实际上，无论是传统剧作，还是现代戏，内容均以劝善、各民族和谐相处等为主流。当代，新疆传统戏剧与许多传统艺术门类一样，受到了大众娱乐方式多元化的强烈冲击，各剧种普遍呈现衰微之势。非物质文化遗产保护措施无疑促成了传统戏剧在新疆的存续。新疆曲子剧、秦腔分别获批国家级第一批、第四批戏剧类非物质文化遗产扩展项目，眉户戏入选国家级第二批非物质文化遗产项目；曲子戏、木偶戏、维吾尔族戏剧和克拉玛依的秦腔木偶戏等种类获批自治区级非物质文化遗产项目和扩展项目。

---

❶ 一种大型叙事歌、器乐套曲。

❷ 一种中小型说唱套曲。

❸ 一种双人歌舞表演。

❹ 一种单、双人歌舞表演。

新疆戏剧艺术悠久的发展史，建立在这个歌舞之乡适宜戏剧艺术产生与发展的表演艺术土壤和多元文化积淀之上的。比如，新疆的乐舞艺术、傀儡戏等都是新疆戏剧艺术关键性的文化基础。清代以降，新疆戏剧艺术迎来发展的黄金时期，出现了维吾尔族戏剧、新疆曲子戏、锡伯族汗都春、秦腔、京剧、河北梆子、评剧等多元剧种。中华人民共和国成立之后，在全国人民支援新疆建设的历史大潮中，豫剧、越剧、吕剧、晋剧、楚剧、昆曲等剧种也随内地艺人来到新疆。新疆传统戏剧在原有剧种的基础上，剧种数量曾一度达到十七种之多，极大地丰富了新疆民众的文化娱乐生活。

20 世纪 80 年代，影视艺术兴起，文化娱乐方式多元化，新疆传统戏剧艺术的受众群体快速萎缩。传统戏剧市场萎缩直接引发专业演员队伍的青黄不接，相关从业人员生存状况每况愈下。一方面，新疆传统戏剧很难延续往日辉煌，剧场商业演出很难维系市场，需要依靠政府投资、组织；另一方面，传统戏剧在城市社区尤其是村镇仍旧有一定群众基础，民间自乐班社（注：小戏）还在自发开展自娱自乐的演出，尤其是具有较为深厚群众基础的新疆曲子剧、锡伯族汗都春、秦腔、豫剧等剧种，自乐班社长期存续且发展壮大，与专业戏曲团体生存状况形成了鲜明的对比。

当代，新疆现存剧种主要有六种，其中本土产生剧种包括维吾尔族戏剧、新疆曲子戏、锡伯族汗都春等三种，内地传入剧种则有京剧、豫剧、秦腔等三种。原来在新疆有过流传历史的越剧、湘剧、昆曲、楚剧等剧种因受传统戏剧受众和文化变迁等多元因素影响已经消失，而豫剧、秦腔、维吾尔族戏剧、京剧等剧种依然在舞台表演，但是亦面临发展困境。在这种状况下，非物质文化遗产保护成为新疆传统戏剧存续维系的重要正向力量，获批的国家级、自治区级非物质文化遗产代表性项目都不同程度地得到保存、传承和传播。

四、民族民间说唱艺术：曲艺

曲艺也是新疆地区非物质文化遗产的重要门类，作为一类常见、普遍的民间表演艺术，将各地民间的口头文学和说唱艺术相结合，经过长期演变形成了地方特色浓郁的艺术表现形式。新疆这片土地孕育出民间歌谣、歌谣唱和、散乐百戏、民间歌舞及宗教说唱等多样化的艺术形式，这些艺术形式成为新疆曲艺形成发展的重要艺术基因。

按照表演语言的不同，新疆的曲艺可分为汉语言和少数民族语言两大类。汉语作为表演语言的曲艺，又可分为内地传入和本土形成两类；非汉语少数民族曲艺包括维吾尔族、哈萨克族、蒙古族、柯尔克孜族、锡伯族、塔吉克族、塔塔尔族、达斡尔族等近 40 个曲种，丰富而多元。

回顾新疆曲艺发展的历史，既有汉族评书、维吾尔族达斯坦、蒙古族海勒胡等植根于不同民族深厚文化底蕴的曲艺门类，也有新疆曲子、莱派尔等体现多元民族文化融合的曲艺样式。据不完全统计，现在可考的新疆曲艺曲种大约有 66 种，其中表演语言为汉语的曲艺为 26 种，其中，新疆曲子（又称"小曲子"）、杂话（又称"摺嘴子""溜杂话"）为汉族、回族共有的曲艺品种；少数民族语言曲艺为 40 种，涉及维吾尔族、哈萨克族、蒙古族、柯尔克孜族等十余个民族的曲艺艺术。

专门溯源传承源头和流变路径可以看到，新疆曲艺大体可分为内地传入、少数民族自发形成、多元文化融合等三种类型。其中，以汉语为表演语种的曲艺品种，除在新疆融合维吾尔族莱派尔艺术的汉族莱派尔，融合陕、甘、宁、新等西北曲子的新疆曲子，融合新疆方言的新疆杂话等曲艺品种外，山东快书、河南坠子、湖南渔鼓、凉州孝贤等，均为由内地传入新疆的曲艺品种。以少数民族语言为表演语种的曲艺品种，绝大部分为基于本民族文化传承而来，而"达斯坦"曲艺艺术又在不同民族之间出现，体现新疆多元文化之间的相互学习与交融。

与传统戏剧类一样，曲艺艺术也面临受众群体萎缩、从业艺人后继乏人等问题，总体存续发展状况不容乐观。各民族在发展过程中形成的极具个性化的说唱、弹唱艺术形式，是新疆多元民族文化的重要组成部分，具有鲜明特点。

（一）丰富的内容与价值

新疆各民族曲艺的内容极其丰富。从历时性方面而言，它反映了不同历史时期的重要事件、生活风貌及风俗人情，展现了民族历史变迁和地域文物文化等诸多信息，蕴涵丰富的民族学、宗教学、人类学、文化学等多样化的宝贵资料。从共时性方面来看，它描述了各民族的精神信仰、生产生活、风俗习惯等内容，是各民族的百科全书。

新疆地处欧亚大陆中段，是经济文化交流的要冲，所以多元文化亦在此交汇。比如，根据《一千零一夜》故事改编的克萨曲目《巴合提亚尔的四十枝系》，从印度译本改编的《四十个宰相的故事》等。而在锡伯族的更心比曲目中，有反映古代锡伯族官兵参加平定南疆叛乱，活捉匪首张格尔的《喀什噶尔之歌》，用艺术的形式记录了那段惊心动魄的史实。《拉西罕图》则反映一位锡伯族士兵驻守喀什时，与一位维吾尔族姑娘的恋情，表现了19世纪不同民族的人们之间的真诚友谊和博大胸怀。

中华人民共和国成立之后，新疆曲艺人获得新生，创作演唱了许多歌颂新时代、新生活的曲目，歌颂农村的变化，歌颂献身工业建设的铁路工人、石油工人，歌颂幸福的爱情、真挚的友情等，数量之大、质量之高、题材之广泛都是前所未有的。

新疆为多元文化的人文汇集之地，曲艺类非物质文化遗产丰富，吟诵、弹唱理俗家常，宣扬劝人为善及和谐共处等思想是新疆少数民族曲艺在表现内容、主题立意方面的主要特点。如铁尔麦、托勒傲、乌斯耶特等曲种都是以吟唱为主的曲艺形式，阿肯在众人集合场合，用边吟唱、边弹奏的形式，对众人进行规劝和教诲。表演内容涉及伦理道德、处世哲学、生活准则、劝人行善、教育后代、传播知识等，亦包括婚礼上的《揭面纱歌》及丧葬礼俗中的《挽歌》《报丧歌》等，几乎触及生活的方方面面。

新疆是多元民族文化汇集之地，各民族曲艺艺术在此交汇，所以各民族曲种在表演内容及曲本故事、人物形象，乃至主题旨归上的相互渗透、借鉴与吸收，更是十分普遍的艺术现象。比如，同样一个英雄人物，许多民族会以本民族特有的曲艺形式"说唱"其事迹，而在基本情节趋同的基础上，各族艺人在艺术细节的处理方面则有所不同，会根据本民族艺术的特点进行处理，往往打上了本民族生活的烙印。汉族曲种中的武松形象在蒙古族的"乌力格尔"中就有所反映，印证各民族曲艺间的文化交流。

新疆曲艺作为极具民族民间色彩的传统表演艺术，在一定程度上保留了古朴浑厚的原始形态的艺术特征，为中华曲艺的历史演变提供了佐证，从而被称作曲艺史研究的"活化石"，在新疆乃至全国文艺发展史上占有十分重要的地位。

首先，新疆曲艺是民族历史和民族文学传承的特殊载体。新疆各民族都有自己独特的文化谱系，各个少数民族的史诗、民歌、叙事诗，借助曲艺艺术的"说唱""弹唱"得以保存、传播和弘扬。世界闻名的中国三大民族史诗——藏族的《格萨尔》、柯尔克孜族的《玛纳斯》和蒙古族的《江格尔》，其中有两部是借助新疆曲艺得以保存和传播的，客观上得益于民族民间的"说唱""弹唱"艺人的搜集汇总、整理加工并说唱表演而得以传承。

其次，新疆曲艺是实现多民族文化交融的桥梁，且是许多戏曲剧种、剧作形成的母体。维吾尔族达斯坦、哈萨克族克萨、乌孜别克族达斯坦、塔塔尔族达斯坦、塔吉克族道斯通等曲艺形式，在艺术表现和情节完善等方面对《玉素甫与艾合买得》《艾里甫与赛乃姆》等表现爱情题材的剧作做了很好的尝试与探索；另外，许多表现英雄题材的曲艺，如《阿不都热合曼汗》《哈班拜英雄》《包甘拜英雄》等，在素材撷取、创意构思等方面都呈现高度的相似性，是各民族曲艺相互交融的见证，亦孕育了诸多戏曲剧种表现类似题材的经典剧目。新疆曲子戏的形成就得益于新疆曲子这一曲艺样式的孕育催生，新疆曲子由最初的"说唱"走上舞台搬演而形成新疆曲子戏，从而成为孕育其他艺术的"母体艺术"。

新疆曲艺以其自身的存在，不仅为其他艺术提供了文学题材，而且深刻地影响并培育了新疆各族人民的审美情趣及精神气质，培植着中华民族的民族自信和民族自豪感。

（二）鲜明的当代特征

曲艺艺术的本质特征是"以口语说唱故事"，区别于"以歌舞演故事"戏曲艺术。新疆曲艺的表演形态，大致可分为讲说类、说唱类，弹唱类、走唱类四种。讲说类曲艺形式是以说为主，主要有买迪黑耶纳曼、巴塔提列克、谐显地克苏孜、新疆杂话、快板、评书、朱伦呼兰比等。说唱类曲艺形式又可分两种：一种以唱为主，以说为辅，有时则采取说唱并重形式，如好来宝、库夏克、阿衣吐秀、阿依特斯、秧歌牡丹、更心比、新疆曲子、道情、单弦等；另一种则主要以说为主，以唱为辅，有时又有说唱相兼形式，如乌力格尔、交莫克等。弹唱类曲艺形式是采取边弹边唱，主要有维吾尔族达斯坦、克萨、铁尔麦、库木孜弹唱等。走唱类曲种则主要采取走走唱唱，或者边舞边唱等艺术形式，如莱派尔、艾提西希、走唱的新疆曲子和秧歌牡丹等。

新疆曲艺在演出时，多由一人演唱或者讲说，如维吾尔族达斯坦、柯尔克孜族达斯坦、哈萨克族克萨、蒙古族海勒胡等。而莱派尔、艾提西希有一人表演的，而多以两人表演为常例，表演形式因传播区域不同而有变化。阿依特斯、阿衣吐秀则以二人表演为常例。而库木孜弹唱、库夏克、铁尔麦等曲艺形式经历规范化舞台表演后，为了增强艺术表现的丰富性，更多出现调剂舞台冷热节奏的多人表演模式。综上所述，新疆曲艺的表演动作一般没有固定的程式，主要是丰富的面部表情及上身、上肢的俯仰摇动等为主，大抵因表演者的习惯和师承差异而有不同。

少数民族的曲艺音乐具有鲜明的地方色彩和群众性、民族性。新疆曲艺流布于各民族聚居地，绝大部分是用各自的民族语言或方言说唱表演；许多民族的"唱曲"类曲种，更是有着各自特色的伴奏乐器，如哈萨克族曲种"冬不拉弹唱"就是表演者自弹冬不拉并说唱；满族曲种"太平鼓"是用太平鼓伴奏表演而得名。这些演唱多用富有民族特色的乐器伴奏，有的随腔跟调，有的只在说或唱的间歇弹奏间奏曲。有的是自弹自唱（说），有的是乐师伴奏。演唱和弹奏的曲调多是民间歌曲、小调，为相同曲调旋律的反复演奏。曲调的选用又相对比较自由，即使同一曲目，不同的艺人演唱时，随着演绎者的个性特点与情绪的变化，唱词和曲调都会有所变化，形成了不同的变体。伴奏乐器在曲艺演出中，还可作为一个表演的道具，如在库木孜弹唱中，把库木孜当作砍土曼或者武器，表现农民辛勤劳动或战士保卫祖国的样子。而且，库木孜的正位弹、反位弹、悬空弹、置肩弹等各种弹奏技巧的展示，成为库木孜弹唱的表演程式，深受观众喜爱。

说唱艺术的发展，是新疆叙事文学和戏剧形成的重要基础和前提。新疆的民族曲艺对于民族戏剧在剧情情节、剧作主旨及艺术表现等方面也有着重要意义。比如，维吾尔族著名剧目《艾里甫与赛乃姆》《塔依尔与佐合拉》、哈萨克族歌剧《萨里哈与萨曼》《吉别克姑娘》等，最早都是流传于民间的维吾尔族达斯坦、哈萨克族克萨的长篇曲艺节目，后来被人们记录成说唱曲本，根据这些素材，又被改编成剧本上演。反过来，曲艺节目也从戏剧中汲取了创作灵感，提高了自身的艺术价值。

新疆曲艺表演当中的音乐旋律、演奏技巧、舞蹈动作也同时影响到本民族的民歌、舞蹈等艺术样式，有的曲艺节目也作为民歌在百姓中广为传唱。同时，曲艺的文体被艺人、学者进行记录和出版，从而作为民间文学被民间艺人、研究学者研究、阅读，所以也会影响到本民族诗歌、歌词和创作。

少数民族曲艺之间也在互相学习曲目，移植不同曲种中优秀的表现艺术，这样不仅可以使广大群众欣赏到更多的说唱艺术，而且在曲种曲目等方面极大地丰富了新疆曲艺。如哈萨克族的阿依特斯（对唱）、铁尔麦（弹唱）与柯尔克孜族的阿依吐秀、铁尔灭，汉族的新疆曲子与锡伯族的秧歌牡丹，维吾尔族的艾提西希与塔塔尔族的阿衣提西希、乌孜别克族的莱派尔在表演上存在诸多相似之处，相互间存在着复杂的渊源关系。

五、日常生活美学载体：传统工艺技艺

传统美术类、技艺类非物质文化遗产是新疆传统民族民间文化的重要组成部分，是生活在新疆地区各民族的生活习俗、文化传统、社会历史、精神风貌、审美情趣的形象载体和集中体现。德国艺术史家沃林格认为："一个民族的艺术意志在装饰艺术中得到了最纯真的表现，装饰艺术仿佛是一个图表，在这个图表中人们可以清楚地看到绝对艺术意志独特的和固有的东西，因此人们充分强调了装饰艺术发展的重要性。"❶ 传统美术类、技艺类非物质文化遗产的内容除了沃林格所指出的装饰之外，还包含知识、造型、图案、纹样、母题、主题、图像、象征、寓意、所指、能指，以及材质、技术、工艺，文化空间、思想、价值观等要素。

---

❶ 沃林格. 抽象与移情 [M]. 王才勇，译. 沈阳：辽宁人民出版社，1987：51.

　　新疆各地手工艺制品在材料、工艺手法、装饰、设计制作等方面具有显著特点。南疆主要是棉纺织品、丝织品、金属制品、陶制品；北疆主要是皮革制品、毡类制品。❶新疆少数民族手工艺往往有自成一体的符号系统，如维吾尔族、哈萨克族等手工艺与该民族日常生活的各种表现形式——神话、宗教、语言、艺术、历史、传统等息息相关，如性别符号、年龄符号等。

　　以各民族文化为主要内容的非物质文化遗产占了新疆国家级和自治区级非物质文化遗产名录的绝大部分，通过传统美术类、技艺类非物质文化遗产在维吾尔族、哈萨克族、蒙古族、锡伯族、满族、柯尔克孜族、回族、俄罗斯族、塔塔尔族、汉族等民族中的传承流布情况，可以看出新疆传统技艺的当代特征。

　　其一，偏爱用植物图案和几何图案来装饰非遗产品。花卉在新疆不少民族的器物、服饰图案中占据了很大比重。植物纹饰一般为非具象形象，多取自花、枝、叶、芽、蕾、果实等形象，以象征、隐喻的方式表达圆满丰饶、吉祥如意、迎新纳福之意。比如，牡丹象征富贵，石榴花象征团结兴旺和顽强的毅力，五指花纹❷象征春天，棉花纹、棉桃纹象征收获。据统计，单体植物纹饰有巴旦木花、石榴花、梅花、芙蓉、牡丹、月亮花❸、郁金香、阿娜尔果实纹❹、棉桃、棉花❺、四瓣花、葡萄、葡萄藤、桑葚、莲花、杏花纹、五指花、桃花、波斯菊、玫瑰、百合花、鸡冠花、莲花及枝叶、梳子花等；复合性植物纹饰有"阿娜古丽"样式、"拜西其且克古丽"样式、"恰其曼"样

---

❶　伊明江·阿布都热依木. 维吾尔族手工艺文化研究 [M]. 乌鲁木齐：新疆美术摄影出版社，2015：7.

❷　又名佛手花纹。

❸　又叫作"散花"。

❹　即石榴果实，主要用作和田、喀什地区的"阿娜尔古丽式"地毯的主体纹饰。

❺　棉桃、棉花、枝、叶是喀什地区"棉花式"地毯图案的主体纹饰。

式、"八叶形笼纹 ❶"、缠枝花卉、折枝花卉、团花及瓶中插枝、枝上生花等。

其二，几何纹饰在新疆艺术中也十分流行。几何纹饰在非遗产品中的使用情况可通过微观、中观、宏观三个层面表现出来：微观层面为单体几何纹饰（或称几何造型元素），有直线、曲线、圆形、半圆形、椭圆形、方形、网格纹、菱形 ❷、锯齿形 ❸、盘旋纹、各种三角形、四角形、五角形、六角形、八角形等；中观层面为复合性几何纹饰，或称作组合几何纹样，表现为多种几何纹样的组合，或者几何纹样与其他类型纹样的组合，如"开力肯""伊朗努斯卡"等；宏观层面表现为几何形的构图、布局等。

其三，新疆手工艺与新疆特殊的自然、地理、气候有着密切的关系。虽然南疆和北疆同处于温带大陆型干旱气候区，但是自然、气候和地理环境却表现出很大的差异性，这也影响到非物质文化遗产的内容和特点。从色彩的明度上来说，新疆各少数民族大多喜欢纯净、鲜艳、亮丽的颜色而不太喜欢调和色，喜欢对比强烈的色彩搭配而不喜欢和谐色，有时还用金粉来提高亮度；从色相上来说，尤其喜欢红、蓝、绿、白等色，这与空气纯净度高、光照强烈的气候因素有关，也与雪山、蓝天的肃穆，以及黄沙、戈壁、大漠色彩的单调有关，还与西域各少数民族的用色习惯和传统有关。吴世宁在谈及塔吉克族的用色时，认为其"凸显出太阳部族的文化特色"❹，这一解释也适用于新疆的其他世居民族。

南疆地区尤其是塔里木沙漠的边缘地带，夏天干旱，冬天严寒，平时多风、多沙，在这种地理、气候环境下，产生了独具南疆特色的"阿以旺赛来"民居建筑样式。从结构上来说，天窗位于房屋中间以便于采光，墙体四周少窗

---

❶ 八叶形笼纹是"哈孜·艾买提"式地毯的主体纹饰。

❷ 又叫"菱格纹"。

❸ 在哈萨克族的装饰图案中，锯齿饰纹比较常见。

❹ 吴世宁. 伊斯兰文化背景下新疆少数民族装饰纹样的寓意和审美取向 [J]. 装饰，2008（7）：118-119.

及半封闭性的客厅便于躲避风沙；从材料上来说，以生土为主要原料，墙体厚实坚固，冬天有助于保暖，夏天有助于隔热，可谓冬暖夏凉。

其四，与新疆地区的物产、生产资料也具有密切的关系。新疆少数民族传统技艺类非物质文化遗产多依托于当地的物产和生产资料。新疆盛产皮、毛、奶、肉，草、棉、木、玉，水果、粮食等。哈萨克族的草编、皮革编织及骨雕都是取自日常生活、生产中的物品；南疆英吉沙县、伽师县的土陶烧制也是就地取材，就地烧制；阿以旺赛来民居的生土也是取自当地。榆树、杨树、胡杨、红柳、桑树、柳树都是新疆地区的常见树种，在此基础上就产生了枝条编织。下面列举各主要生产、生活资料与非物质文化遗产项目之间的关系。与生土相关的非物质文化遗产项目有模制法土陶烧制技艺、阿以旺赛来民居营造技艺等；与木相关的非物质文化遗产项目有木雕技艺、维吾尔族乐器制作技艺、哈萨克族弹拨乐器制作技艺、桦树皮工艺品制作技艺、库休克（木勺）制作技艺、木制器具制作技艺、哈萨克族木制器具制作技艺、桑皮纸制作技艺等；与金属相关的非物质文化遗产项目有传统小刀制作技艺、哈萨克族银首饰制作技艺、维吾尔族金银首饰制作技艺、维吾尔族铜器制作技艺、维吾尔族铁器制作技艺、锡伯族弓箭制作技艺、哈萨克族花毡制作技艺；与棉、布、丝绸相关的非物质文化遗产项目有于田维吾尔族妇女服饰、模戳印花布技艺、花帽制作技艺、哈萨克族服饰制作技艺、蒙古族服饰制作技艺、柯尔克孜族绣花布单制作技艺、柯尔克孜族白毡帽制作技艺、维吾尔族花毡、印花布织染技艺、维吾尔族传统棉纺织技艺、艾德莱斯绸织染技艺、胡尔裾制作技艺等；与动物皮毛相关的非物质文化遗产项目有卡拉库尔胎羔皮帽制作技艺、维吾尔族乔鲁克（靴）制作技艺、维吾尔族畜力车套具制作技艺、哈萨克族马鞍制作技艺、哈萨克族马皮滑雪板制作技艺、布朗制作技艺、托布秀尔制作技艺、柯尔克孜族马鞍制作技艺；与玉、草、骨相关的非物质文化遗产项目分别有玉雕技艺、苇编技艺、骨雕技艺等；与毛毡相关的非物质文化遗产项目有蒙古族刺绣技艺、柯尔克孜族约尔麦克（毛线编）编织技艺、哈萨克族毡房营造技艺、蒙古包制作工艺、维吾尔族地毯织造技艺、维吾尔族族毛纺织及擀制技艺、维吾尔族驼毛切克曼布制作技艺等；与生活资料相关的非物质文化遗产项目有斯尔开（葡萄果醋）制作技艺、维吾尔族卡瓦甫（烤鱼、烤全牛）、锡伯族全羊席、维吾尔族恰皮塔（薄馕）制作技艺、维吾尔族和田果西格尔地（烤包子）制作技艺、塔塔尔族传统糕点制作技艺、哈萨克族乳制品加工技艺、蒙古族奶酒酿造技艺、俄罗斯族比瓦酿造技艺、柯尔克孜族波杂酿造技艺等。

当代，由于现代工业文明的冲击等种种原因，新疆传统手工艺数量逐渐衰减，在材料、技艺、种类、图案、造型、用途、习俗等内涵都有了不用程度的变化，也导致了传统手工艺的变异。❶

六、多元民族文化空间：民俗

从民俗学学科概念而言，民俗包含的内容大大超过了民俗类非物质文化遗产的内容，名录体系界定的十大类非物质文化遗产大部分都属民俗的大范畴。本书中，民俗类非物质文化遗产的概念是一个狭义的界定，使用的是非物质文化遗产四级分类体系中"民俗"类的界定。民俗类非物质文化遗产主要指民众日常生活中的习俗，包含节日、人生仪式礼俗、衣食住行等生产生活习俗。新疆民俗类非物质文化遗产亦包含以上内容，同时又体现出其多元性和交流性。

新疆民俗类非物质文化遗产就其历史源流而言，可谓绵延跌宕。从新疆南北疆的各种岩画中，我们可以揣测和证明那些遥远而古老的史前习俗；从

---

❶ 伊明江·阿布都热依木.维吾尔族手工艺文化研究［M］.乌鲁木齐：新疆美术摄影出版社，2015：190.

新疆各类宗教壁画中，我们可以了解和分析世界三大宗教对古代西域各族民众习俗生活的直接影响；从新疆各族历史文献与民间文学作品中，我们可以讨论和阐明古代西域各民族民俗传统的绵延变迁；从当代新疆各族民众丰富的生活变迁与民俗类非物质文化遗产项目中，我们可以研究并发现新疆各民族当代民俗变迁背后文明发展的进程。

（一）群体性与交际性

新疆民俗类非物质文化遗产的群体性体现在民俗文化主体是一个群体的概念，尽管民俗类非物质文化遗产也都有传承人，但传承人只是遗产所在社区或群体的代表。一个群体内的节日习俗、生产生活习俗、人生礼俗、民间俗信等，其约定俗成及传播流行都是群体共同体自觉完成的。因此，群体性的民俗形塑了群体的文化特征，确定了群体的某种文化边界。这种群体文化边界的建立，自然使民俗具有一定意义上的交际性。正如丹本·阿墨斯所言，民俗是小群体内的交际性艺术。在不同的人生礼俗中，个人、家庭与整个社群的关系得以更新，既有旧关系的了结，又有新关系的建立；最重要的是这些关系是在群体共有的传统结构中得以更新的。因此，对新郎新娘而言，婚礼的一系列仪式不仅是新婚夫妇的人生阈限仪式，更是这个家庭和社群的交际艺术。

比如，锡伯族西迁节是新疆第一批国家级非物质文化遗产代表性项目。新疆有 13 个世居民族，各民族岁时节庆有 80 多个，这部分民俗也是最具活力、最能体现新疆各民族风情的习俗。锡伯族西迁节非常特殊，因为它是锡伯族的西迁戍边纪念日。乾隆二十九年（1764 年），清政府平定准噶尔叛乱之后，将 1000 余名锡伯族官兵携同随军家属 2000 多人征调到新疆伊犁察布查尔县戍边。从此，锡伯族分居祖国东北、西北两地。西迁节至今已有 200 多年的历史，节日的时间是每年的农历四月十八日，所以又叫"四一八节"；

因有怀念亲人之意，又叫"怀亲节"，新疆锡伯族同胞称之为"杜音拜专扎坤"。每年农历四月十八日，当地锡伯族群众就会欢聚在一起，共进餐食，表演歌舞，以纪念祖辈驻防戍边的英雄业绩。

大西迁再现了 200 多年前锡伯族从沈阳到伊犁不远万里屯垦戍边的英雄壮举。锡伯族作家顾伟写出了这样的诗句："锡伯族，一簇箭镞，砰然迅疾；从东北故土射出，在伊犁河谷散落；洞穿无援的心灵史。"这一方面体现了锡伯族西迁屯垦戍边的爱国奉献精神；另一面则体现了锡伯人散落在伊犁河谷的绵延乡愁。奉献与乡愁是西迁节的情感底蕴特征，具体而言，西迁节体现了以下四个特征。

第一，西迁节传承着古代锡伯族在东北生活时生成的崇拜大自然及"棒打獐子瓢舀鱼，野鸡飞到饭锅里""飘飘雪花如蝶飞，驰骋骏马共撒围，搜遍一山又一山，猎队满载凯歌回"的古老渔猎习俗及其原始文化形态。

第二，西迁节传承着萨满教的原始文化习俗。萨满教在锡伯族的民俗艺术中起到"萨满是一个舞蹈家，一个歌手和一个管弦乐队"的作用。在民间留存着萨满攀刀梯仪式、跳神仪式、萨满歌、萨满音乐等许多原始形态，为探究萨满文化提供珍贵的活资料。

第三，西迁节传承着"国语骑射"的文化传统。锡伯族从西迁屯垦戍边时起直至 20 世纪 40 年代，长期学习使用满语满文，并在此基础上创制了锡伯文。为我国满—通古斯语族民俗事象的保存和研究提供了难得的"活化石"。

第四，西迁节传承着锡伯族军民屯垦戍边的爱国奉献精神。为了戍守祖国西部边境，当年约 4000 名锡伯官兵及眷属从盛京出发，从蒙古北路向西域行进，沿途战胜无数困难，将原定三年的时间缩短为一年零三个月，行程一万余里抵达伊犁，在祖国和民族的历史上写下光辉的一页。在其后的二百多年间，戍守卡伦抵御外侵，维护地方安定，参加平息叛乱斗争，付出了重大牺牲。同时开挖大渠，建设家园，发展文化教育事业，取得生存发展的条件，成为新疆 13 个世居民族之一。由此培育了爱国主义的西迁精神，这种精神成为新疆西迁节民俗艺术所要弘扬的永恒主题。

"西迁节"的节庆活动集中展示了锡伯族灿烂悠久的文化传统、民族心理、民族情感、民间信仰、民风民俗及各种工艺和乐舞艺术。新疆伊犁察布查尔锡伯自治县是我国唯一的锡伯族自治县，也是西迁节的主要传承地区，以此为中心，西迁节向全国锡伯族地区辐射，形成集历史、时空、地域、精神为一体的文化传播空间。

现代多元文明的冲击、生产生活方式的变迁，使西迁节民俗艺术中的原始文化形态出现失传的危机。比如，古代渔猎遗俗及其口头和书面文学日渐消弭，失传严重。古老的萨满文化也出现无人传承的断代危机，甚至连萨满服也仅有两三人会做并明白服饰上各种符号的含义。精通满语满文的人数越来越少，50 岁上下的锡伯族人大都不懂锡伯文，这一用于传承的主要工具已经处于被边缘化的境地。为数不多的民间艺人大都年龄偏高，西迁节民俗艺术的个性特色逐年弱化或减少，需要加大对其保护和抢救。

（二）民族性与地域性

群体性的讨论已然包含了民俗的民族性和地域性的意涵。对新疆民俗类非物质文化遗产而言，民族性和地域性的特征是很容易找到的。比如，地域性，遗产项目不同，地域性的范围大小亦不相同。诺鲁孜节在南北疆广泛流传，虽然其申报保护单位在塔城，但并不意味着在塔城之外流布的诺鲁孜节就不是非物质文化遗产；而西迁节则只在伊犁察布查尔锡伯族自治县和部分锡伯族聚居区流行；对吉木萨尔县六月六庙会而言，这个习俗的流布范围则更小。此即所谓"百里不同风，千里不同俗"。

民族性的特征也不难理解。比如，维吾尔族刀郎麦西热甫是新疆第一批国家级非物质文化遗产代表作，2010 年 11 月 15 日，维吾尔族麦西热甫被列入《急需保护的人类非物质文化遗产名录》，是自治区第一个被列入的非遗代表作项目。麦西热甫是维吾尔族一种传统艺术形式，融汇了音乐（木卡姆）、舞蹈、歌唱、讲故事、说笑话、做游戏、即兴吟诵等艺术形式的民俗娱乐活动。它不受环境条件、时间、参与人数的限制，程序严格，种类繁多，内容丰富多彩，根据其性质和功能，大致可分为节庆礼仪和人生礼仪、农牧业生产、社交活动、其他民俗活动四种类型。除此之外，还有阔克（青苗）麦西热甫、却日库木（沙滩）麦西热甫、开依提（惩罚）麦西热甫、塔合（山区）麦西热甫和欧托孜欧合勒（36 个小伙子）麦西热甫等。刀郎麦西热甫是维吾尔族麦西热甫的一种独特种类，有着悠久的历史，承载着"刀郎人"的历史文化传统和丰富的社会教化功能。因而，刀郎麦西热甫是研究刀郎维吾尔族人历史、社会生活、精神风貌的百科全书。

（三）稳定性与创新性

新疆民俗类非物质文化遗产具有一种文化传承的稳定性；同时，面对新时代的社会转型，呈现出一种自我创新的向度。

有些遗产项目传承几千年不变，如牧民的转场习俗。无论是哈萨克族、柯尔克孜族，还是蒙古族、图瓦人，从冬牧场到夏牧场、逐水草而居是千年不变的生产生活习俗。转场是一种游牧文明形态的典型习俗，然而当牧民不再放牧，则意味着一种历史的中断，转场中的一些习俗被悬置成为一种记忆与纪念。这并不意味着民俗不再具有稳定性，而是将民俗的稳定性体现在一种稳定的社会结构中。因而，社会文明的发展必然引起"移风易俗"。

民俗的创新性既源于稳定的社会结构中，也会在"移风易俗"中得到集中体现。新疆民俗类非物质文化遗产的创新往往与时下繁荣的文化产业、旅游经济相结合，给它们带来了一种富有文化底蕴、独具特色的活力。新疆阜康天池景区内的哈萨克族民俗风情村便是一种创新性的有益尝试。在天池景区的三工河谷，生活着一些哈萨克族牧民，在保护世界自然遗产、规范景区管理和发展民俗特色旅游的驱动下，当地政府和景区将牧民整体搬迁到城市，在居民原址建设了哈萨克族民俗风情村，牧民白天在景区风情村内上班，与游客互动，让来自五湖四海的游客体验哈萨克族的民俗风情。尽管，这中间仍存在一些问题，但创新性的尝试已经呈现出一种崭新的面貌，哈萨克族民俗的活力被激活。

第二章

丝路新疆段非遗研究概述

目前较少学者关注和研究新疆段非物质文化遗产项目当代传承、流变的整体现状，因而本书选取了这一研究视角。

第一节　本体研究综述

非物质文化遗产是 21 世纪才使用的术语名词，研究团队此前对相关学术著作进行了搜集，还对中国学术期刊总库进行了文献检索，统计收录新疆非物质文化遗产相关论文共计 177 篇。其中，宏观研究占 34%，分地区、分门类研究占 44%，重点项目研究占 16%，对知名度不高或未进入国家级名录的非遗项目研究较少，仅占 6%。

新疆非物质文化遗产保护的价值与原则方面，郝苏民教授 2011 年 9 月在新疆师范大学举办的"首届中国西北地区民间文化遗产保护与传承研究高级培训营"中作题为"非物质遗产保护与西北少数民族"的发言，认为中国西北地区作为少数民族聚居地区在文化多样性方面具有独特优势，潜力巨大，大有可为，新疆地区即为一例；经济开发、社会发展与文化遗产保护一定要在保证文化多样性的基础上进行。[1] 张佳运、高敏华开展了新疆维吾尔自治区级非物质文化遗产空间分布及地域分区研究[2]，系统分析新疆非物质文化遗产项目的类型结构特征、整体空间分布格局及区域分布状况。[3] 有学者也关

---

[1] 雅宾，民轩. "首届中国西北地区民间文化遗产保护与传承研究高级培训营"会议综述 [J]. 西北民族研究，2011（4）：205-207.

[2] 选取新疆截至2015年自治区原文化厅公布的自治区级非物质文化遗产项目为研究对象。

[3] 张佳运，高敏华. 新疆自治区级非物质文化遗产空间分布及地域分区研究 [J]. 干旱区地理，2016，39（5）：1128-1134.

注到流变问题，张新友通过问卷调查对新疆少数民族聚居区民俗表演活动的传统民俗习性和生活观念、传承人、传统文化的受关注度和社会影响力、市场化和社会经济格局四个影响因素进行综合分析，得出新疆民俗表演活动对非物质文化遗产嬗变以积极影响为主，并据此提出地方民俗表演活动的规模化和产业化发展、"舞台化"保护与开发等思考建议。❶

新疆非物质文化遗产保护的具体策略研究方面，叶芳芳在法律视阈下开展少数民族非物质文化遗产新型分类与保护范式研究，提出要以非物质文化遗产的生存状态和濒危程度为标准对其进行分类，并通过国家立法干预及市场调节的方式进行相应的保护。❷张玉祥从档案式保护角度聚焦锡伯族非物质文化遗产，认为新疆可主动与辽宁、黑龙江、吉林等省进行合作，就锡伯族非物质文化遗产完整资源的共享、共同培养人才、共建文化机构、共创科研平台及共享保护经验等方面签订协议，促使省际互相协调和配合，推进锡伯族非物质文化遗产档案式保护工作的开展。❸多位学者从数字化保存和传播角度开展以新疆非物质文化遗产为对象的应用性研究，如对数字化平台建设进行专题研究等。❹

大量非物质文化遗产门类研究聚集在了传统体育、传统舞蹈、传统音乐等门类。王厚雷、王竹影提出新疆传统体育类非物质文化遗产保护存在以下问题：保护意识淡薄，持续发展能力缺失；商业开发过度，文化本真价值异化；传承秩序混乱，未与学校体育接轨；法律法规滞后，遗产保护境地尴尬；文化体系汇流，项目根源难以廓清；现代体育冲击，传统项目沦为点缀等。在"一带一路"背景下需要采取增强保护意识、加强政府主导、引导社会参

❶ 张新友. 新疆少数民族聚居区民俗表演活动对非物质文化遗产嬗变的影响 [J]. 新疆社会科学，2016（6）：114-119.

❷ 叶芳芳. 法律视阈下少数民族非物质文化遗产新型分类与保护范式：以新疆哈萨克族为例 [J]. 新疆大学学报（哲学·人文社会科学版），2014，42（5）：133-137.

❸ 张玉祥. 锡伯族非物质文化遗产档案式保护研究 [J]. 山西档案，2014（4）：97-100.

❹ 郜玉金，李彩霞. 新疆非物质文化遗产数字化平台建设述评 [J]. 青年记者，2016（6）：89-90.

与、重视民间传承、完善法律体系、实现利益均衡、促进合理进化等策略。❶
张彩、杨胜利也认为：一方面，由于近年来受"现代化""城市化"浪潮的
冲击，促使不少少数民族传统体育项目面临流失和濒临消亡的危险；另一方
面，在以奥林匹克运动为代表的体育全球化的带动下，现代国际流行体育项
目涌入少数民族地区，对少数民族传统体育产生巨大的冲击，现代体育方法
与手段的普及，使少数民族传统体育的生存空间更为狭小。❷廖建媚、耿宝
军、闫艺对新疆少数民族体育非物质文化遗产❸分布特征及影响因素进行了
研究，得出结论：整体空间分布不均衡，靠近边境地区呈带状分布特征；南
疆地区较为集中、北疆地区相对分散、东疆地区比较零星；行政区域上，喀
什地区最多，阿勒泰地区次之，克拉玛依市、哈密市、吐鲁番市、和田地区
较少，且存在非遗数量与人口数量、密度呈正相关的特点；表现出 3 个高密
度核心圈的分布和密度特征及覆盖 6 个世居少数民族的民族分布特征。❹赵
亮、刘凌宇从西北少数民族传统体育类非物质文化遗产的角度，对西北地区
节令体育活动、西北少数民族体育活动、西北少数民族传统体育类别及入选
国家级非物质文化遗产的项目等进行了梳理。❺张健、孙辉等开展了文化安
全视域下的新疆少数民族传统体育文化及其传承研究，提出新疆应当加强品
牌建设，实现本土文化的传承与价值认同；强调在与域外文化交流与融合的

---

❶ 王厚雷，王竹影. "一带一路"背景下新疆体育非物质文化遗产保护策略 [J]. 武汉体
育学院学报，2016，50（6）：30-35.

❷ 张彩，杨胜利. 非物质文化遗产保护与新疆民族传统体育的发展 [J]. 新疆大学学报
（哲学·人文社会科学版），2011，39（4）：68-70.

❸ 以国务院公布的前四批《国家级非物质文化遗产名录》（含扩展名录）和新疆维吾尔自
治区文化厅、直辖市政府公布的不同批次《省级非物质文化遗产名录》（含扩展名录）中的"传
统体育、游艺与杂技"类遗产为数据来源。

❹ 廖建媚，耿宝军，闫艺. 新疆少数民族体育非物质文化遗产分布特征及影响因素研究
[J]. 福建师范大学学报（自然科学版），2020，36（5）：92-101.

❺ 赵亮，刘凌宇. 西北民族传统体育非物质文化遗产的传承与保护 [J]. 宁夏社会科学，
2016（4）：234-241.

同时，实现"和而不同"；培育适宜生存环境，呼吁政府与公众增强保护意识；构建文化传播媒介与平台，引导规范社会参与；推进民族传统体育与体育教学相融合，扩充练习人口基数；重视民间传承人培养，有效规避民族传统体育跨文化传播的"文化折扣"。❶ 闫艺、李雪军关注到了少数民族体育类非物质文化遗产传播的视角，认为要注重理论与实践的"双重提升"，保持传播的"生态平衡"，挖掘传播的"意义空间"，拓展传承的"时空范围"。❷ 李季莲主要针对新疆各民族传统舞蹈类非物质文化遗产，从群众娱乐舞蹈、表演性舞蹈、宗教祭祀礼仪舞蹈三个类型对各民族传统舞蹈进行了梳理。❸

　　新疆传统体育类非物质文化遗产生态系统示意图，如图 2-1 所示。

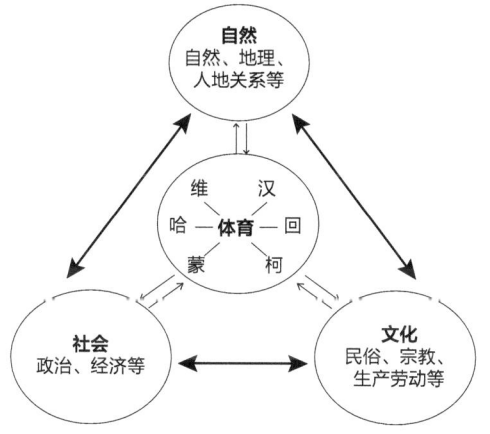

图 2-1　新疆传统体育类非物质文化遗产生态系统示意图❹

❶　张健，孙辉，等 . 文化安全视域下的新疆民族传统体育文化及其传承 [J]. 西北民族大学学报（哲学社会科学版），2017（5）：150-159.

❷　闫艺，李雪军 ."一带一路"视域下新疆少数民族体育非物质文化遗产保护与传播研究 [J]. 广州体育学院学报，2019，39（6）：48-54.

❸　李季莲 . 新疆非物质文化遗产的奇葩：各民族传统舞蹈 [J]. 西北民族研究，2011（1）：161-167.

❹　王厚雷，王竹影 ."一带一路"背景下新疆体育非物质文化遗产保护策略 [J]. 武汉体育学院学报，2016，50（6）：30-35.

　　大量个案研究和应用实践聚焦新疆维吾尔十二木卡姆、少数民族刺绣、桑皮纸制作技艺等人类非物质文化遗产代表作、国家级非物质文化遗产代表性项目。付晓东、雷嘉彦做了网络媒体上的木卡姆研究综述，介绍目前国际上木卡姆研究资源的分布特点与研究现状，也提出了新疆维吾尔木卡姆的研究资源、研究手段的国际化问题。❶雷嘉彦开展了中华人民共和国成立以来新疆维吾尔十二木卡姆研究的考察与总结，认为随着新疆维吾尔族木卡姆艺术申遗成功，木卡姆引起国内外学者的空前关注，但通过对文献的梳理，相关的论文数量、研究数量与质量之间并非成正比趋势，对音乐本体缺乏更深层的探究，同时语言也成为相互交流对接的屏障。❷2010年6月，新疆艺术学院组织学术会议，就新疆维吾尔木卡姆艺术高校教育传承的重要性、相关课程设置、教学实践及取得的成绩等问题进行了探讨。❸王敏对新疆维吾尔族民间装饰艺术中的巴旦木纹样进行研究，认为线性风格的巴旦木纹样能够在维吾尔族装饰艺术中得到广泛运用，不仅反映了该民族以植物为表现内容的宗教特点，也显示了纹样所具有的地域性和民族性。❹肖志强、袁昌富、焦海峰还开展了新疆哈萨克族刺绣技艺虚拟仿真系统的设计，试图通过虚拟现实设备对新疆哈萨克族刺绣中的基础绣法进行仿真模拟。❺吴凤玲从非物质文化遗产生产性保护的角度研究维吾尔族桑皮纸制作技艺，探讨生产性保护中传承与生产、生产与营销、营销与保护的辩证关系，并提出桑皮纸技艺

---

❶　付晓东，雷嘉彦. 网络媒体上的木卡姆研究综述 [J]. 新疆师范大学学报（哲学社会科学版），2013，34（4）：83-93.

❷　雷嘉彦. 新中国成立以来新疆维吾尔十二木卡姆研究的考察与总结 [J]. 艺术百家，2011，27（5）：207-210.

❸　许文钊. 浅谈新疆维吾尔木卡姆艺术在现代教育体制中的传承 [J]. 广播歌选，2010（8）：74-75.

❹　王敏. 新疆维吾尔族民间装饰艺术中的巴旦木纹样研究 [J]. 艺术百家，2016，32（2）：218-220.

❺　肖志强，袁昌富，焦海峰. 基于Unity3D的新疆哈萨克族刺绣技艺虚拟仿真系统 [J]. 现代电子技术，2019，42（10）：179-181.

应以传统生产实现技艺的保护和传承、以现代营销促进产品的增值和转型。❶
王振渥则进行了桑皮纸的数字化探索，对传统桑皮纸和数字化桑皮纸在绘画
中的应用进行对比分析。❷莱再提·克里木别克对伊犁河流域哈萨克族阿肯
阿依特斯❸的传承方式、传承人及传承场合进行专题研究，阿肯阿依特斯的
传承方式主要包括民间传承、教育传承、书面传承、视听及网络传承。❹杨
娇娇也专门研究了新疆哈萨克族阿依特斯大会，她还对比了跨国遗产阿依特
斯❺在国境两边的遗产保护差异和跨界传承情况，认为阿肯阿依特斯已经成
为连接不同民族、背景、文化、地域之间的共同文化载体。❻

　　此外，本书参考文献范围拓展到了民俗学、民族学研究和民族民间文化
保护，包括中国民族民间文艺十大集成志书、维吾尔族手艺人特有的"工艺
经"等。国内学者对新疆民族民俗文化有一些概述性的综合研究，对一些民
族、村落进行了个案观察。学者相对聚焦人类非物质文化遗产代表作和国家
级非物质文化遗产代表性项目开展个案深度研究，部分学者研究中涉及了对
部分非物质文化遗产历史渊源查考、传承传播状况和面临的现实问题的论
述，但目前很少有基于地区较多数量非物质文化遗产项目当代传承、流变现
状的调查分析研究问世，因而本书聚焦于此。

---

❶ 吴凤玲．非物质文化遗产生产性保护的实践与思考：以维吾尔族桑皮纸制作技艺为例
[J]．新疆社会科学，2015（3）：117-123.

❷ 王振渥．桑皮纸的数字化探索 [J]．西南师范大学学报（自然科学版），2016，41（12）：
151-155.

❸ 阿肯阿依特斯 2006 年被列入第一批国家级非物质文化遗产名录。

❹ 莱再提·克里木别克．伊犁河流域哈萨克族阿肯阿依特斯传承方式、传承人及传承场
合研究 [J]．艺术百家，2016，32（6）：82-87.

❺ 吉尔吉斯斯坦和哈萨克斯坦联合申报阿依特斯为人类非物质文化遗产代表作。

❻ 郑亮，吴新锋．文明、传承与新变：新疆非物质文化遗产保护与文化产业发展 [J]．文
艺理论与批评，2012（6）：1.

第二节　交叉研究综述

从新疆非物质文化遗产保护与产业发展的交叉角度，石河子大学于 2012 年 9 月召开了"新疆非物质文化遗产保护与文化产业发展"学术研讨会议，认为非物质文化遗产保护工作是振兴新疆文化产业的基础，对新疆经济社会发展具有深远意义。❶ 田振江、郭海燕专门对参与吐鲁番非物质文化遗产保护的旅游企业进行专题研究，包括大漠土艺馆、维吾尔古村、坎儿井博物馆等，认为企业在非物质文化遗产保护中发挥着重要的作用，包括大力发展非物质文化遗产旅游项目，申报、培养非物质文化遗产项目和传承人，参与各级非物质文化遗产保护、展示活动，依托周边景区扩大企业客源等；同时也存在诸如区域旅游形象得不到提升、本地非物质文化遗产传承人的缺失、缺乏非物质文化遗产的完整传习空间和过度依赖其他景区客源等困境。❷ 这类区域性交叉还有很多，如王友文、张燕开展了新疆伊犁河谷地区满族非物质文化遗产开发与利用的应用性研究等。❸

❶　郑亮，吴新锋 . 文明、传承与新变：新疆非物质文化遗产保护与文化产业发展 [J]. 文艺理论与批评，2012（6）：143.

❷　田振江，郭海燕 . 企业参与非物质文化遗产保护：经验、困境与反思——以新疆吐鲁番旅游企业为个案 [J]. 中华文化论坛，2017（7）：143-149.

❸　王友文，张燕 . 新疆伊犁河谷地区满族非物质文化遗产的开发与利用 [J]. 满族研究，2013（3）：88-92.

　　值得注意的是，新疆非遗与旅游融合的相关研究起步很早，这与旅游产业在新疆经济发展中的重要地位密切相关，即新疆在国家行政主管部门"文旅融合"前，已开展了大量非遗资源转化为旅游资源的相关实践，并在非物质文化遗产保护工程实施初期即被研究者关注到了相关事象的研究意义与价值。比如，张新友试图对新疆多民族地区非物质文化遗产旅游资源进行评价分析，建立资源评价的指标体系。❶陈婉婉、王春燕在对喀什地区非遗传承人和居民进行实地调研的基础上，通过经济、生活、文化、环境四个方面分析非遗旅游开发对当地少数民族的影响，其中经济影响明显呈现出利大于弊的特点。❷王春燕、杨鹏、喻晓玲开展了环塔里木非物质文化遗产旅游线路设计的研究，将非遗旅游资源的空间分布情况与旅游线路设计相结合。❸

　　为弥补国内外研究视角与术语的差异，适当扩充外文资料涉猎范围，研究团队对 Wiley Online Library 和 ProQuest 检索平台进行了摘要组合检索❹，共搜集论文 86 篇。其中，ProQuest 搜集文章 50 篇，包括天山、喀纳斯、坎儿井等自然和文化遗产地，新疆少数民族聚居地、吐鲁番等地区旅游前景分析，包括少量非物质文化遗产论述；集中研究新疆民间音乐、传统手工艺的只有 3 篇。Wiley 检索到 36 篇，主要是历史和地理视角、文化风俗视角研究丝绸之路等，非物质文化遗产论述较少。

---

❶　张新友.新疆多民族地区非物质文化遗产旅游资源评价 [J].贵州民族研究，2018，39（10）：152-157.

❷　陈婉婉，王春燕.喀什地区非遗旅游开发对少数民族的影响研究 [J].资源开发与市场，2016，32（10）：1273-1276.

❸　王春燕，杨鹏，喻晓玲.基于 TSP 方法环塔里木非物质文化遗产旅游线路设计研究 [J].干旱区资源与环境，2016，30（6）：191-197.

❹　ab（Cultural Heritage）AND ab（Xinjiang OR Silk Route）.

第三章

文化汇流与非遗流变

作为非物质文化遗产的基本特点之一，流变性过去并未受到足够重视。流变中继承与变异共存，而流变也提供了丰富与发展的可能性。

第一节　在文化汇流之地研究个案流变

一、新疆是研究流变的最佳样本

与其他地区相比，新疆 13 个世居民族并非封闭聚居，其宗教信仰、价值判断、语言文字、风俗习惯不断互相影响。加之中华人民共和国成立后数次人口迁徙，新疆各民族的非物质文化遗产呈现出愈来愈强的复合性特征。流变可能带来题材的多元、技法的完善、传承的接续等正面影响，也会因生活环境改变、现代化冲击产生负面影响，样本多样且意义丰富，结论也更具有应用价值。比如，定居政策带给哈萨克族等"马背上的民族"生产生活习惯的影响，像传统毡绣布绣技艺等的实际应用场景发生了巨大改变，继而相关业态也发生了改变。

社会经济发展过程中发生的流变也是重要的研究角度。比如，新疆地区大量传统美术、传统技艺类非遗项目面向现实发展需要，与发展致富相结合，成为发展少数民族地区经济、落实中央"精准扶贫"要求的重要举措。

新疆是一个多民族聚居的地区，共有 56 个民族，其中 13 个世居民族，少数民族人口近 1500 万人。南疆三地州（喀什、和田地区及克孜勒苏柯尔克孜自治州）总面积占全疆近 1/3，总人口 670 多万人。过去，所辖 24 个县（市）中 19 个为国家扶贫开发重点县（市），5 个为扶贫开发比照县（市），扶贫对象 266 万人，占全疆农村扶贫对象的 81%，贫困发生率达 55% 以上。还有 64 万农牧民居住在海拔 1500 ～ 4800 米的偏远深山区、石山区，大部分地处沙漠边缘的贫困村，是典型的集中连片深度贫困地区。北疆的贫困人口则多数为随季节、草场而迁徙的牧民，还有一部分为刚刚定居下来的牧民，他们不善农业、工业，经济收入不高，尤其是妇女增收渠道非常有限。

基于此，利用非物质文化遗产中富集的文化、艺术、技术资源，推动各类劳动力转化为新疆特色文化、旅游产品的生产力，是在新疆这样一个民族众多、幅员辽阔的地区推进经济发展的有效措施，也是实施"精准扶贫"的具体体现。比如，刺绣产品是新疆各族人民的生活必需品，生活化程度高，具有广泛的跨民族、跨区域受众，在新疆乃至全国有广阔的市场空间，还有更为广阔的中亚市场。因而，刺绣形成的相关产业可以带动少数民族妇女的就业，促进少数民族地区群众的创业增收。

仍以刺绣为例，新疆刺绣的产业化已经有一定基础，据统计，全疆编织刺绣从业人员已达 30 万人，每年创造生产销售额达 20 亿元，带动了 42 万余少数民族妇女实现就近就地创业。在 2016 年 7 月的巴黎时装周上，来自新疆哈密的刺绣作品受到关注，这些作品就是来自哈密五堡镇等地的刺绣合作社。当地政府部门通过举办技艺培训班，组织了大量有一定刺绣经验和基础的少数民族妇女参加，同时通过引导和帮扶，打通和拓展市场，吸引了许多内地公司合作营销，产生了较好的经济效果。原文化部副部长项兆伦在考察哈密的刺绣合作社后，给予了充分肯定。可见，传统刺绣工艺在当代的传承环境和发展目标是截然不同的，存续和流变的决定性环节是刺绣产业化经营背后的传习，背后的驱动力量是新疆地区有组织和自发开展的扶贫开发及各类经济社会发展举措。

二、流变分析辅助非遗传承发展决策

根据中央提出的"一带一路"倡议，"一带一路"文化先行，要结合区域特色和经济社会发展要求，提出旨在促进非物质文化遗产传承利用和民族地区文化产业发展的具体措施。

原文化部发布的《"一带一路"文化发展行动计划（2016—2020 年）》中就提出：（要）支持"一带一路"沿线地区根据地域特色和民族特点实施特色文化产业项目。可见，"十三五"期间，国家围绕"一带一路"区域推动文化发展，将古老丝绸之路上丰饶的文化遗产保护好，并积极利用其独特的文化元素，通过设计、生产和推广，转化为现代社会所需的文化产品，是实现"一带一路"倡议发展目标的重要任务。以本书重点研究的案例之一——新疆少数民族刺绣为例，刺绣产品不仅在新疆地区是群众重要的生活品，也是我国西北地区及中亚地区人民生活中的日需品。这项传统手工艺项目在当代既要实现传统技艺的传承，也要推动富有地域特色的、符合现代生活审美需要的刺绣产业的发展，这就是当代流变的重要表现形态和现实意义。

与此同时，在"一带一路"倡议推动下，大规模基础设施建设和贸易投资会在短期内改变许多非物质文化遗产相对封闭的传承环境和市场供需状况；当新一轮"外力"作用于这些生存与传承状况不一的非物质文化遗产项目时，它们在获得传播与发展生机的同时，也面临着发展方向、流布地域、传承状态等各类"流变"的抉择。面对日益开放的传播环境，对当代正在发生的、自然与非自然状态下的流变信息的掌握、分析和预警在这一过程中变得尤为重要，是辅助保护决策、判断价值走向和传播方向的重要依据。

三、流变研究促进文化共享共用

作为非物质文化遗产的基本特点之一，流变性过去并未受到足够重视。找寻传承源头和核心传承区域的谱系通常被认为是重点；同时，非物质文化遗产的独特性价值标准诱导了某种唯一性、独占性的潜在意识。流变中继承与变异共存，而流变也提供了丰富与发展的可能性。研究"流变"的正向意义也在这里。

以传统美术、传统技艺和部分传统医药类非物质文化遗产所归属的"传统工艺"为例。聚焦现实发展需要，传统工艺亟待振兴。我国"传统工艺振兴计划"在新疆地区的具体落实，对传承和弘扬中华优秀传统文化，推进新疆地区文化及相关产业发展，促进民族团结和社会稳定，都具有十分积极的现实意义。党的十八届五中全会及《中共中央关于制定国民经济和社会发展第十三个五年规划的建议》就明确提出，要"构建中华优秀传统文化传承体系，加强文化遗产保护，振兴传统工艺"，将振兴传统工艺上升为了国家战略，这是对优秀传统文化传承体系建设工作的新要求、新任务，也是全面提升非物质文化遗产保护水平的新契机。

仍以新疆少数民族刺绣为例，新疆少数民族传统刺绣工艺具有鲜明的民族和地域特色，是具有悠久历史和深厚底蕴的珍贵文化遗产，其中维吾尔族刺绣、蒙古族刺绣、柯尔克孜族刺绣、哈萨克族毡绣布绣、锡伯族刺绣5项被列入国家级非物质文化遗产代表性项目，维吾尔族民间刺绣技艺、蒙古族刺绣技艺、哈萨克族毡绣布绣、锡伯族刺绣、回族刺绣、柯尔克孜族毡绣布绣被列入自治区级非物质文化遗产项目。由于经济发展、社会生活方式转变等因素，新疆民族文化遗产保护受到较大影响，许多传承久远的民族传统工艺面临消亡的危险。近年来，通过举办民族传统技艺的各类培训班，开办传统工艺工作站、就业工坊等，逐步扩大了一些传统技艺的从业人群。在带头人、传承人的带领下，一方面保护和传承了民族文化遗产，另一方面也进一步推动了多民族之间的文化交流和融合发展，有利于新疆地区文化建设和社会和谐发展。本书后面章节将对传统工艺工作站、高校开办培训班等个案进行具体分析。

第二节　从流变研究到价值取向

"流变"一词在 20 世纪 20 年代被首度提出，指在外力作用下物体的变形和流动。在人文社科领域，"流变"旨在研究事物在历史中的发展演变过程。同源同质、同源异质、同质异源的非物质文化遗产在客观性和主观性的对立统一下，内容和形态发生着变化，传播地域人群也发生了位移和偏向。在对新疆地区非物质文化遗产的当代流变分析中，非遗形态变化的表象及规律、传播的趋势、位移状况就是本书研究的核心内容。

一、正视流变发生的常态化

在非物质文化遗产的传承和传播中，流变并不可怕，自然状态的流变是文化得以传播、延续的动力与必然。维系这种受地域限制的文化历史形态，就要找到其横向和纵向传播的路径，正视流变的常态化，并揭示出不同文化形态的"连通性"与相互间可能的"重叠性"。

比如，国家级非物质文化遗产项目新疆曲子是陕西曲子、兰州鼓子、青海平弦及西北多地民间俗曲传入新疆后，结合新疆汉语方言字调、多民族音乐艺术形成的地方曲艺品种。横向传播与融合流变是新疆曲子产生、发展的基石，当代在考证中既可以发现与外来相关文化艺术的重叠部分，也可发现其在相对稳定传承的过程中始终打开着借鉴交流、融合流变的"窗口"。

二、把握流变的主要参照物

在研究非物质文化遗产及所在地区关系时，会发现当地人与所在地区之间的关系基于的是某种共同维系的参照物。这个参照物在传播学中可以理解为一种文化的意向与符号，在非物质文化遗产的保护中则是维系传承生命力的支柱，是判断非物质文化遗产价值的主要标志。参照物的变形、流失、无意义化，会导致非物质文化遗产传承与传播所依赖的人类社会关系变得岌岌可危。

因而，一方面要关注非物质文化遗产项目的存续状况及为适应当代经济社会、谋求可持续生计所实施的举措；另一方面也要试图了解项目核心内容的保存状况，是否因非自然的流变造成项目的意义缺损或缺失，是否因主动或被动的流变造成项目与所在地区、当地人联系的疏离或断裂，而从地方代表性文化艺术事象降格为只保留使用价值的资源要素。

三、认清流变的趋同性危机

在研究"流变"时，还要时刻保持对趋同性的敏感。在关注非物质文化遗产生存状态的同时，要警惕那些造成传统文化事象和艺术表现形式失去民族性、地域性，大规模机器制造代替手工技艺的趋势。

与上一点相联系，地方文化认同与文化自信的不足、文化多样性价值认知的缺乏等会造成文化艺术形态碰撞中的简单化、表象化比较与模仿，丢失民族民间独有的文化艺术特质；在这类非自然流变中，大量缺乏个性的产品充斥市场，基于成本和收益的使用价值测算方法成为相关产业发展的唯一标准；继而机器制造大量代替手工，降低成本的同时破坏了原有细分领域的产销生态；手工的大量被取代又造成手艺的断档，手艺的价值即使被再发掘，从业队伍的萎缩造成手工的价格升高，手工制品被挤压到艺术品、中高端产品这一有限的生存空间……在新疆多地的调研中，多个案例均印证了这一过程的发生及其负面影响。

第三节　从非遗存续力和价值看待非遗的当代流变

一、借助模型分析存续力与价值

本书在定性研究的基础上，也对具备数据条件的个案进行了简易的模型研究。基于研究模型A曲线参照系、B过程模式，开展非物质文化遗产项目个案的流变分析。

在"非物质文化遗产存续力与价值曲线参照系"中（见图3-1），客观因素的正面与负面影响，是造成非物质文化遗产项目存续能力曲线和价值曲线震荡的主要因素。

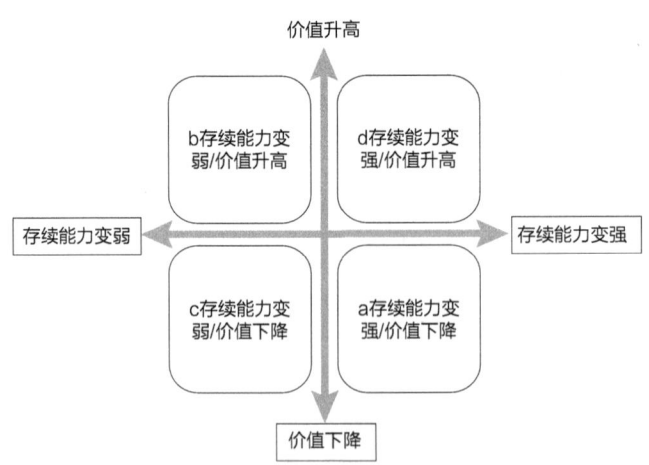

图3-1　非物质文化遗产存续力与价值曲线参照系

在客观因素对非物质文化遗产项目发生影响过程中，会产生四种基本情况：

a 存续能力变强，价值下降；

b 存续能力变弱，价值升高；

c 存续能力变弱，价值下降；

d 存续能力变强，价值升高。

在"传承与流变过程模式"中（见图 3-2），基于"历时性传承 + 共时性流变 = 非物质文化遗产生存常态"的基本模式下，确定了两种流变的假设模式：

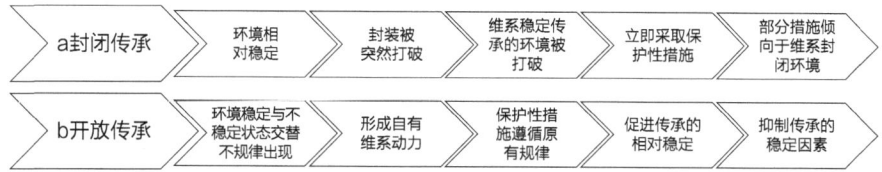

图 3-2 传承与流变过程模式

a 模式假设为相对封闭的传承状况，环境相对稳定。如果封闭被突然打破，维系稳定传承的环境就会被打破。如果立即采取保护性措施，那么可能部分措施倾向于维系封闭环境。

b 模式假设为相对开放的传承状况，那么，相对稳定或相对不稳定的环境都有可能出现，且可能交替不规律出现。在这一过程中，项目可能形成自有维系动力，而外在保护性措施也可能会遵循原有规律进行，以促进传承的相对稳定、抑制传承的不稳定因素。

二、借鉴多学科方法论研究视角

（一）民族志研究"四步法"

在实地调查中，本书参考民族志研究"四步法"开展，包括对调查基本取向做出假设、调查确定传播状况的层次等基本信息、对外在状况进行特殊语境的理论化、用具体个案检验理论推理并反证所运用的文献基础等。

（二）人类学和史学田野调查方法

人类学田野调查研究的是文化特质、文化建构或者普遍性的文化法则，并不强调随着时间流逝而发生的变化；而史学田野研究则注重社会文化现象的历史延续，关注社会现象随着时间流动而发生的空间位移、形态转化和结构变迁。本书既隶属文化研究范畴，又注重变迁的调查分析，因而适于综合运用两者，由田野地点的调查，反推该非物质文化遗产所在历史社会的变迁。

（三）田野路径与访谈分析相结合

依据传播研究中的谈话分析，对非物质文化遗产传承人及传播区域中的各类人群就非物质文化遗产相关的日常生活进行详细的访谈与分析研究。依托非物质文化遗产传承人群研修研习培训项目，由哈萨克族毡绣布绣、维吾尔族模制法土陶、维吾尔族枝条编织等项目入手开展访谈。

第四节　从当代流变研究出发的创新点与难点

一、传播学和文化地理学视角

（一）传播学视角分析非物质文化遗产传承环境内部及与外部的交流影响

本书着眼于现实中的流变是如何在人们的互动交流中发生的，注重对非物质文化遗产相关的资源和实践进行记录分析。资源包括人的思想、价值观念、故事、符号、社会机制，实践包括人的行为、行动和各种表达方式，两者构成所要研究的非物质文化遗产"传播圈"。

本书对调研过程中发现的流变因素进行关键词整理，形成关键词云图（见图3-3）。

图3-3　关键词云图

（二）引入文化地理学研究思路

借鉴民俗学"芬兰学派"方法论，引入文化地理学研究视角，认为文化的分布规律、区域文化特征及其形成背景、文化中心的形成及其地域转移、文化的扩散路线与融合过程等都与非物质文化遗产的流变息息相关，有利于把握非物质文化遗产区域性传播的深层次原因和规律。比如，以新疆出土的民族服饰为例，出土于吐鲁番市阿斯塔纳 206 号墓的唐代舞女俑，有着"汉着胡帽"的现象，反映了唐代中原与吐鲁番在政治、经济和文化相互间的密切联系。❶又如，新疆地区流传的"花儿"，从其唱词中也可发现它隶属于回族"花儿"，但又呈现"风搅雪"的特征，即回族用汉语唱"花儿"时会加入其他民族的语汇。比如，带有维吾尔族语的"花儿"："太阳打东山头出来了，月亮打西山豁下了；把我的尕妹哈惹下了，被孜恩心里头破了。"被孜恩是"我"的意思。❷有学者也提出，新疆"花儿"是由早年西北地区的甘肃、青海和宁夏的回族人在长途贩运、躲兵、逃难的"走西口"过程中带入，并融入当地音乐文化等元素而逐渐形成的一个"花儿"种类。❸

二、民族语言和民间术语是难点

民族语言文字和民间术语是最大的障碍。文献与田野离不开语言服务，需要语言支撑。比如，木卡姆是一种世界性的文化现象，目前在木卡姆的称

---

❶ 文明传播课题组．从丝绸之路到"一带一路"：文明交流互鉴的全球化认知与人类命运共同体的构建 [J]．文明，2017（5）：23.

❷ 王沛．"花儿研究第一人"的记录和传承者：李富花儿成就述评 [J]．交响（西安音乐学院学报），2014，33（3）：75-80.

❸ 武宇林．联合国人类非物质文化遗产代表作"花儿"传承人现状调查 [J]．宁夏社会科学，2016（3）：221-226.

谓、乐器名称、旋律调式及节拍节奏用语、唱词唱段分类名称等一系列术语上并未能形成其较为完整与统一的体系；木卡姆术语体系及唱词文本包含着阿拉伯语、波斯语、突厥语（包括古察哈尔语）的语源遗存，分属于闪含、印欧、阿尔泰三大语系，虽然在大体上保留了一定程度的通用性与稳定性，但也存在大量的相异之处，主要以闪米特语—伊朗语—突厥语—印度语等语族语支为界，从而产生了各民族之间的木卡姆术语体系的差别。❶ 有学者还专门进行了新疆非物质文化遗产文献中的少数民族乐器的英译研究，阐述了新疆民族乐器的特征，并以翻译的目的论和文本类型论为依据，针对民族乐器的名称、用材、形制和演奏法的英译提出了音译法、直译法、意译法、形译法、注释法、归化法、异化法等，以期实现信息的真实有效的传递。❷

　　研究团队与石河子大学新疆非物质文化遗产研究中心团队、伊犁州非遗保护中心等加强合作，获得熟悉民族语言、民间术语的相关专业教师、地方研究者的帮助，共同完成田野与文献研究成果。比如，共同整理哈萨克族传统服饰、哈萨克族毡绣布绣技艺相关针法时，寻求国家级代表性传承人金艾斯古丽的帮助，将刺绣针法的哈萨克族语表述直译成汉语，制作对照表单，主动进行了民族语汇、民间术语的积累，由简入繁。

　　此外，不同非物质文化遗产门类之间差异巨大，因为研究团队"因类而异"，充分依靠组内成员及合作团队教师、研究者的不同专长开展研究。比如，郑亮教授和吴新锋教授给予了新疆地区民间文学门类的学术支持，李钦曾副教授、孙宁副教授等给予了新疆地区传统美术、传统技艺门类的学术支持，共同开展了新疆刺绣类，尤其是哈萨克族毡绣布绣项目的专题研究。

---

❶　付晓东，雷嘉彦. 网络媒体上的木卡姆研究综述 [J]. 新疆师范大学学报（哲学社会科学版），2013, 34（4）：83-93.

❷　肖俊一. 新疆非物质文化遗产文献中的少数民族乐器的英译研究 [J]. 乐府新声（沈阳音乐学院学报），2013, 31（3）：46-48.

第四章

丝路非遗当代流变的主要原因

　　每项非物质文化遗产都是独特性与融合性并存的，且这两种特征是该项非物质文化遗产在不同时代得以存续、保有其价值的核心要素，也是其发生流变的两大动力要素。

本书给予了研究团队更为客观的视角看待非物质文化遗产保护实践和非物质文化遗产在当代的传承与流变。在调研中，研究团队看到了新疆不同地区和民族文化事象和艺术表现形式的独特性、多样性、丰富性，从文化资源学角度，民族地区非物质文化遗产是保存和利用价值巨大的文化资源宝库；与此同时，资源价值确认、弘扬、转化、重塑等通常又会直接影响资源主体的传承状况与流变取向，带之而来的是必然性和偶发性并存的跨地域、跨民族横向传播、交融与流变。

当代，非物质文化遗产保护各项措施分步实施，经过确认的非遗传承人群、技艺持有者获得了较之以往更多的与外界交流的机会，大量的业内交流与更广域范围的学习、协作，使工艺技艺及文化艺术内容的改良、恢复、创新等变得更为频繁，显然，这种流变可能是主动性的，有明确的目的和"求变"的驱动力。

因而，研究团队认为：每项非物质文化遗产都是独特性与融合性并存的，且这两种特征是该项非物质文化遗产在不同时代得以存续、保有其价值的核心要素，也是其发生流变的两大动力要素。

第一节 被动：传统业态消失和生活方式改变

经济社会发展的节奏在当代尤其之快，现代性冲击成为非物质文化遗产在当代的核心变动原因。

首先是传统业态的消失。传统行业加剧萎缩甚至消失，以某种手工艺、谋生技艺制作的产品、提供的服务不再被当代人需要，从业人群随之萎缩、转行直至完全解散。许多手工制成品的生产地、生产者和使用者都在减少。比如，和田纸等手工造纸业就大幅萎缩了。许多传统体育类非物质文化遗产也受生计方式改变等影响而失传或濒临失传。据新疆维吾尔自治区民委2005 年体育项目普查结果显示：目前，在各族传统体育项目中，巴拉特节、钧牛、金格尔曼、空木布拉克、塔克塔克、耳朵攻城计、撒网打猎、锅、沙马尔汗、藏戒指、杜骨尔、布喀梭库西土鲁西、巴勒完塔斯、投掷核桃等近 40 个项目已失传；窝尔达卡姆、红石游戏、飞身骑"驴"、扳腰、提人比力、二人翻、恰克都古勒吐西等约 43 个项目濒临失传的危险。❶

其次是生活方式的改变。生活方式随着自然环境和社会环境改变而改变。比如，罗布人以前以打鱼为生，他们将整根胡杨木凿空，做成"卡盆"，划着卡盆去湖里打鱼，以此养家。又如，"从一顶顶花帽中，我们能分辨出他是哪个地区人，住在何处"❷。花帽制作技艺原本遍布新疆许多地区。现如今，绣制花帽的维吾尔族女性人数逐年减少，掌握工艺精细程度也在日趋减弱；电脑印花、机织大量涌入。❸手工绣制花帽被机器生产的低价品所替代，人们仍旧戴花帽，但是戴的多半是毫无文化特色的机绣花帽。再如，维吾尔族迁徙到新疆沙漠绿洲以后，生产方式从游牧改为农耕，生活方式发生了巨大变迁，因而和田阿以旺民居成为在和田绿洲这一特定的地理及人文环境卜创造、继承和发展出的一整套与环境相适应的生活方式的一部分，建筑造型及色彩装饰在体现维吾尔族居民超强的适应环境、

---

❶ 张志新，庞辉，臧留鸿. 新疆少数民族传统体育项目保护研究 [J]. 体育文化导刊，2010（3）：118-121.

❷ 伊明江·阿布都热依木. 维吾尔族手工艺文化研究 [M]. 乌鲁木齐：新疆美术摄影出版社，2006：4.

❸ 同❷：191.

改造环境能力的同时，也展现了他们精神世界的多元特点和丰富多彩的内涵。❶

闫艺、李雪军专题研究新疆少数民族体育非物质文化遗产保护与传播时也谈道：据有关部门统计，新疆维吾尔自治区的经济和社会自改革开放以来得到了快速发展，许多少数民族从牧场和乡村逐渐迁移到城市工作和生活，他们的生活方式由过去的游牧生活转变为固定的城市生活，生产方式从畜牧和种植业逐渐转变为贸易和加工业；同时，当地少数民族的思想观念和意识都发生明显变化，人们越来越注重自身收入和生活水平的提高，少数民族参与少数民族传统体育活动的文化空间在逐步缩小，这也造成了当地少数民族能够参与少数民族传统体育项目的次数和时间都在明显地减少。❷比如，哈萨克族非物质文化遗产多依布游戏，据考证是部落间战争需要而创造的一种棋类游戏，目前塔城地区裕民县虽然每年都举办一次"多依布"比赛，但参加该项目的人群多数为老年人和男性。❸

除了以上这些比较彻底的业态消失、生活方式变迁，较为普遍的是已然发生的日常服饰变化。比如，维吾尔族服饰材料由现代工业生产的化纤、人造丝等替代了原来手工自纺的传统麻、棉、丝。化学纤维、机织布料等便装成为维吾尔族着装材料的主流。由于现代生活节奏的加快，许多维吾尔族妇女平时爱穿街上买来的便装。选择方便是很多现代维吾尔族女性的生活态度。

---

❶ 亚力坤·吐松尼牙孜 . 和田维吾尔族民居象征意义探析：非物质文化遗产保护的视角 [J]. 西北民族研究，2017（4）：141-148.

❷ 闫艺，李雪军 . "一带一路"视域下新疆少数民族体育非物质文化遗产保护与传播研究 [J]. 广州体育学院学报，2019，39（6）：48-54.

❸ 钱建东，武杰，赵誉千，曾建明 . 哈萨克族非物质文化遗产"多依布"研究 [J]. 新疆社会科学，2016（6）：120-125.

第二节　主动：顺应时代变迁和适应当代需求

在文化遗产领域需要遵循的"原真性"保护原则，挪用到非物质文化遗产保护中时，需要充分关照这类遗产的人本性、无形性、活态性特征，原真性保护不等同于否定自主自发的创新行为。有学者就提出了"演进中的原真性"观点，鼓励顺应时代变迁、适应当代需求的合理改良。比如，人类非物质文化遗产代表作项目新疆"维吾尔木卡姆艺术"使用的民族乐器，或多或少都在近现代进行了改良。回顾民族乐器改革的漫长过程，中华人民共和国成立前主要为民间个人自发行为，中华人民共和国成立后逐渐扩散至全国范围的乐器改革对民族乐器产生了影响。在调研中，当地传承人介绍了乐器改革的相关情况，认为乐器改革使民族乐器的音域大大拓展了，更加适合在当代表演中使用。

传承方式的多元化也是主动适应的主要表现。前文提及的新疆"花儿"在当代主要以五种方式传承：一是传统的师徒式传承方式，培养周期较长，但因人施教，能够将师傅的技能较细致地传授给徒弟；二是"花儿茶园"传承方式，创建"花儿"传承场地与空间，以"传帮带"的教学方法，批量吸纳年轻学员学习唱"花儿"，学员们可以随时登台演练；三是开办家庭式"花儿学校"，利用周末及寒假、暑假，义务为家乡喜欢"花儿"及唢呐等乐器的孩子及成人传授技艺；四是创编"花儿"歌词传承方式，著书立说，出版"花儿"书籍，以此方式传承"花儿"；五是花儿进校园，学校教育传承方式顺应了当前教育普及和青少年都集中在学校的时代特点，通过音乐教师或歌手的引导，让更多的青少年认识并传承"花儿"。[1] 可见，当家族式、师徒制传承乏力时，民间自主、自发谋求可持续生存空间的举措多样，在良好的国家政策与社会环境之下，形成多元力量维系"花儿"的传承有序状况。

有多位学者专题研究新疆传统体育类非物质文化遗产，从新疆民族传统体育表现形式的嬗变角度，给出传统体育文化传播"异质流"现象模型（见图4-1）。[2] 有的则提出：在当地居民渴望与外界交融的背景下，"原汁原味、求真禁变"的原则已经不切实际，保护体育非物质文化遗产应与其所处的现代生态环境相结合，如达瓦孜项目在各类节庆活动中频频登场，受到国内外媒体的关注，在提升当地民间旅游业的同时也提高了传承人的经济收入，是新疆体育非遗保护的成功案例。[3]

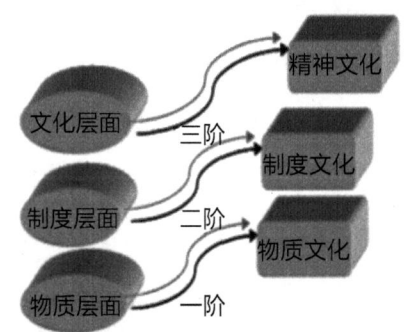

4-1 传统体育文化传播"异质流"现象模型[4]

[1] 武宇林. 联合国人类非物质文化遗产代表作"花儿"传承人现状调查 [J]. 宁夏社会科学, 2016（3）: 221-226.

[2] 张健, 孙辉, 等. 文化安全视域下的新疆民族传统体育文化及其传承 [J]. 西北民族大学学报（哲学社会科学版）, 2017（5）: 150-159.

[3] 王厚雷, 王竹影. "一带一路"背景下新疆体育非物质文化遗产保护策略 [J]. 武汉体育学院学报, 2016, 50（6）: 30-35.

[4] 同 [2].

第三节　外因：政府与市场引导下的更新

政府开展非物质文化遗产保护工作以来，非遗传承人和技艺持有者较高频率参与非物质文化遗产宣传展示活动，是重要的非物质文化遗产项目间、传承人间、传承人与普通公众间交流的途径，对非物质文化遗产项目本身传承、创新产生间接而持续的影响。比如，文化和自然遗产日（原"文化遗产日"）设立十多年以来，每年遗产日期间各地都会举办大量非物质文化遗产宣传展示活动。新疆维吾尔自治区在遗产日期间举办"新疆非物质文化遗产周"，2020 年已经是第 8 届，大量非物质文化遗产传承人在"非遗周"活动现场开展技艺展示展演和手工产品展售。比如，桑皮纸、土陶、烙画、柳编、剪纸、毛毡、民族乐器制作等与日常生活距离较近的工艺技艺项目都是展示的"常客"。

"集市"形态的文化交流与产品售卖空间，完成了普通公众与非遗制成品的集中见面，市场反馈直接影响手艺人对所持有工艺技艺的价值判断。在伊宁市哈萨克族传统服饰"塔斯布拉克"工坊、尼勒克县哈萨克族毡绣布绣刺绣店铺实地调研中，传承人及从业者都谈到了市场对产品面料、工艺、图案选用的决定性影响，如传统图案的取舍与改良、传统工艺的成本与回报等问题。

在文化和旅游部门合并，全面推动"文旅融合"之前，许多传统表演艺术、传统手工艺、民俗活动等已在政府、市场的引导下与地方旅游发生了协作关系，在经济利益、地方文化宣传等目的驱动下自发进行。新疆旅游资源丰富，民族风情是其重要的旅游吸引物，因而这种融合协作由来已久，如大巴扎民族舞蹈表演、草原传统体育项目表演、民族手工艺品售卖等。近年来，在文化属性强、投资规模大的旅游开发项目中，非遗资源转化为旅游资源的现象更为多见。比如，喀什的高台民居是土陶制作技艺的"大本营"，鼎盛时密布烧窑的作坊，后来陶器没落，土陶制作技艺几近失传，制陶手艺人也逐渐离开了高台。近年来因当地将其开发为旅游景点，制陶匠人又被旅游开发公司请回高台。又如，陈婉婉、王春燕开展的喀什地区非遗旅游开发对少数民族的影响调研中发现不同因素在非遗旅游开发中对少数民族产生的影响也存在差异：在经济方面，当地少数民族居民认为利大于弊，虽然对物价水平有所提高，但对当地居民的收入等方面都起到了积极作用；在生态环境方面，认为弊大于利，喀什地区本身生态环境就具有脆弱性，当地少数民族居民认为非遗旅游开发对当地的交通、环境等方面都具有一定的破坏性。❶

　　市场引导更多的是基于产品而非作品，大量非物质文化遗产项目的制成品本身具有商品属性，因而许多非物质文化遗产工艺技艺的商品化应用是很重要的因素。同时，这种商品化又会产生更为深远的影响。比如，在刺绣商品化的过程中，维吾尔族女性非常注意维持男性气质的边界，虽然这种边界正在改变。在受访的女性刺绣非遗传承人当中，也有一些人在筹办自己的刺绣合作社，希望把刺绣从家庭手艺变成艺术商品，给从事刺绣的家庭主妇带来更多的经济效益。这些女性很显然注意到刺绣合作社对自己丈夫家庭地位造成的挑战，她们在讲述自己的手艺如何走向产业和市场的时候，首先都会把功劳推给自己的丈夫（丈夫并不在场），她们认为由于丈夫的开明和支持，

---

❶ 陈婉婉，王春燕. 喀什地区非遗旅游开发对少数民族的影响研究 [J]. 资源开发与市场，2016，32（10）：1273-1276.

自己才能参与到市场中。❶

　　有学者认为，新疆哈萨克族非物质文化遗产可以通过国家立法干预结合市场调节的方式进行保护，立法干预主要从"有形化"保存、传承教育化保护、节庆日法定化等角度，市场调节则分为作为特色旅游文化资源进行商业性展演、作为特色旅游产品进行商业性开发、作为普通商品商业化生产等方式。❷

---

❶　丁玫，郑亮. 针尖上的记忆与绣出的自我：哈密维吾尔族刺绣的文化人类学考察 [J]. 西南民族大学学报（人文社科版），2019，40（6）：38-44.

❷　叶芳芳. 法律视阈下少数民族非物质文化遗产新型分类与保护范式：以新疆哈萨克族为例 [J]. 新疆大学学报（哲学·人文社会科学版），2014，42（5）：133-137.

第四节　内因：时代发展萌生的创新意识

非物质文化遗产门类繁多，因而相关实践的过程、价值判断的依据都不尽相同，在该项文化事象或艺术表现形式产生、发展的过程中，继承与创新并存且所占比重也不尽相同。但是，人类自身的主观能动性、人类所处自然人文环境的影响等都决定了非物质文化遗产不是一成不变的，它的优化被社会所认可继而得以流传至今，它的劣化使其被历史长河所淘汰。

在任何时代，从事各类智力和体力创造的人们都在学习继承中求变求新，追求完美与个人价值的体现。因而，时代发展萌生的创新意识是非物质文化遗产在当代发生流变的主要内因。

首先是精神内容的时代性表达。新疆各地民族民间艺术创作的题材内容都来源于当地生活，而生活面貌的剧烈变化不会也不应被人们所忽视。其次是物质载体的改良更新。新材料、新技术被人们所认知、发明，有的材料的特性可以对非遗工艺技艺产生很好的改良，包括原材料、工具、辅助性的包装、装饰等，有的则会牺牲某些价值以满足其他价值。人们在实践中取舍，最终找到当代的最佳答案。丁玫、郑亮就曾从哈密刺绣手艺人的视角出发，考察技艺、记忆与刺绣者的自我塑造之间的互动关系，认为刺绣艺人不仅在全球与地方、历史与现状的社会语境下塑造自我，同时也通过刺绣工艺过程

进行自我塑形。❶

　　张新友通过调查问卷分析新疆少数民族聚居区民俗表演活动对非物质文化遗产嬗变的影响时也从内因和外因角度进行了拆分，认为传统民俗习性、生活观念和传承人应作为"内因"，民俗表演者以节目的形式将本地区优秀的传统文化、居民的生产生活方式展现给慕名而来的旅游参观者，旅游参观者又通过与当地居民的互动交流将自己的价值观传递给当地居民，随着双方这种潜移默化的文化价值观的展现和传递，当地居民的传统观念开始受到影响并逐渐发生变化，这些变化在很大程度上会影响非物质文化遗产的保护和传承；而传统文化的受关注度、社会影响力与市场化和社会经济的发展是"外因"，通过民俗表演活动将传统文化推向市场，势必引起外界不同程度的关注度和影响力，引来更多的参观旅游者，受关注度和社会影响力也会进一步提高，最终必然给当地财政和居民带来更多的经济收益，从而为传统文化的传承和进一步发展提供可靠的经济保障。❷

　　综上所述，丝路非遗在当代的流变是人们顺应时代发展变迁、谋求存续价值而被动或主动做出的调整，如果这种变化能够得到当地社会、当地人的认同，那么流变的正向意义就真正得到了确认。

---

❶　丁玫，郑亮. 针尖上的记忆与绣出的自我：哈密维吾尔族刺绣的文化人类学考察 [J]. 西南民族大学学报（人文社科版），2019，40（6）：38-44.

❷　张新友. 新疆少数民族聚居区民俗表演活动对非物质文化遗产嬗变的影响 [J]. 新疆社会科学，2016（6）：114-119.

第五章

伊犁州民族服饰的传承与流变

以地区为观察区间，通过对伊犁州伊宁市、尼勒克县、特克斯县等多个门类非物质文化遗产项目尤其是民族服饰项目的实地走访，概括非物质文化遗产项目的当代流变特征，以及这种流变对非遗资源的存续及发展可能产生的影响。

第一节 实地走访伊犁州的非遗传承人

伊犁州地处新疆维吾尔自治区西部，西邻哈萨克斯坦，自古以来便是多文明、多民族交汇融合之地，不同的宗教信仰、语言文字、风俗习惯在此处相互影响，促使伊犁州的非物质文化遗产资源呈现明显的多元民族文化特性。当代，伊犁州各门类非物质文化遗产项目在自然演变的同时也受到了经济社会文化发展的影响，被赋予了鲜明的时代流变特征。非物质文化遗产在当代的生存状态研究主要包括历时性的传承状况和共时性的流变状况两个方面，其中共时性流变研究对非物质文化遗产的保护、传承与发展具有十分重要的意义。通过对伊犁州伊宁市、尼勒克县、特克斯县等多个门类非物质文化遗产项目的实地走访，旨在概括这些项目的当代流变特征，及其对非物质文化遗产资源的存续及发展可能产生的影响。本调研点也帮助研究团队着重研究了传统美术类、技艺类非物质文化遗产项目的当代传承发展之路。

基于本书建构的非物质文化遗产存续力与价值曲线参照系，可结合分析哈萨克族传统服饰受到的正面与负面影响，研究造成这一非物质文化遗产项目存续能力变化和价值曲线变化的主要因素。从下文重点详述的金艾斯古丽·努尔坦阿肯哈萨克族传统服饰传承发展实践案例中可以看出，这一非物质文化遗产项目存续能力变强的同时，对非使用价值的保留起到了正向作用，可以说，这个项目在当代的价值得到了提升。

第二节　传承有序的主要支撑

从极度濒危到传承有序，中间需要哪些支撑？2019 年初，在新疆伊犁州伊宁市金艾斯古丽的服装厂里，我们第一次见到她及她所经营的"塔斯布拉克"品牌产品。蓝色的品牌标志挂在厂门口，在冬日萧瑟的街道上很显眼，而这个品牌背后是让人更为眼前一亮的哈萨克族服饰、哈萨克族毡房。在这一年里，我们与她保持着联系，她的团队用小半年的时间在"丝路之光"旅游小镇设计、绣制、搭建了一座哈萨克族传统大毡房，她的手绣艺术品、哈萨克族毡房模型等还参加了"伊犁礼物"旅游商品大赛……这位认真、勤奋的国家级非物质文化遗产代表性传承人在朋友圈里记录着她传承哈萨克族传统技艺的点滴，也记录了非遗促进文旅融合发展的轨迹……可以说，伊犁州哈萨克族传统服饰技艺的传承发展是研究团队调研中发现的一个典型案例。

一、珍爱所传承的技艺与文化

金艾斯古丽是国家级非物质文化遗产代表性项目哈萨克族服饰的代表性传承人，哈萨克族服饰同时还入选了第一批国家传统工艺振兴目录。因而，金艾斯古丽的工作也包括传承与振兴两个方面，一是哈萨克传统技艺研究工作室，二是塔斯布拉克民族服装有限责任公司。在我看来，她更热衷于研究工作室的工作。

走进工作室，桌上放着好几本整理完成的哈萨克族传统图样、手稿，还有刚刚设计完成的民族服饰样式，她对这些图样和手稿的珍爱溢于言表，并给我们一一讲解。这些年她一直在搜集和整理本民族濒临失传的民俗、技艺，把保护和传承放在最重要的位置，用心记录、研究各类款式和图样所蕴含的文化内涵。工作室不仅传承技艺，更注重技艺背后文化的挖掘和整理，因而工作室名称当之无愧"研究"二字。我们向她请教哈萨克族毡绣布绣的传统针法，她边给我们画出来，边音译这些针法的名称，既耐心，又专业。

金艾斯古丽带着我们观看展厅，一套套用料考究、色泽艳丽、剪裁缝制精细的传统款服饰套装、现代改良型礼服、实用功能型服装呈现在我们面前，哈萨克族的文化传统和审美风范在金艾斯古丽的收集、保存、传承、创新之中得到了美好的延续。近几年，她遍访巩留县、昭苏县、特克斯县、新源县、尼勒克县等多县牧区，收集整理了巴斯巴、巴斯特尔玛、霍苏、伊犁密（音译）等20余种绣法，羊角花、草心花、马蹄花等130余种哈萨克族传统图案，公主殿、婚房、牧民毡房、艺人殿堂、猎人房、小姐闺房等20余种毡房样式，有的还是根据当地老人的口述自己绣出来、画出来的。

金艾斯古丽向我们讲解了传统毡房的不同种类，以及它们的功能、大小和内部装饰的区别：大户人家给女儿出嫁前搭建的小姐闺房的门楣上插着艾草、蒿草、云杉等有香味的植物枝叶；为能歌善舞的艺人专门搭建的艺人殿堂里面摆放着各种乐器；专门用于风干肉类的毡房，类似凉亭，底部的一米多高没有遮挡，便于通风；猎人房一般比较简朴，便于装卸和安装……

她还耐心地给我们介绍哈萨克族不同的物品所选择的图案规则：地毯中常绘植物纹；木制器皿上绘几何形、日月形和简单的花形纹；房檐上或大门的门头上绘制连续的花形纹或连续的三角纹；木箱或木柜上是规则的几何纹；服饰上的图案最为丰富多变，上衣或裙子、衣领、袖口、前襟等都有专门的装饰图案，不同年龄、职业、场合的服装图案也有区别，婚服与民间艺人的服饰、青少年与老人的服饰上的图案各有不同。现在，这些本土知识已经很少人掌握了，她说道，哈萨克族是游牧民族，动物在哈萨克族人心中有着重要的位置，因此，羊角形、马嘴形、鸟翅形、驼掌形等图案在哈萨克族人的生活中被广泛使用。金艾斯古丽非常注重这些图案的准确使用，并希望能够通过自己的努力，让更多人了解哈萨克族文化。

图案本就代表着不同的含义，不同的图案搭配不同的布料和不同颜色的绣线传达的信息与寓意又有不同。金艾斯古丽将这些民族符号及时记录，梳理不同图案对应使用及搭配的规律，研究不同场合、职业、年龄服饰图样的应用规则，当这些图案使用规范被用于"塔斯布拉克"服饰、毡房产品时，产品的品牌价值随之提升。

二、产品化与品牌化

金艾斯古丽也是伊宁市塔斯布拉克民族服装有限责任公司和伊宁市阿克萨来毡房制造有限公司的董事长。她创立了民族服装品牌"塔斯布拉克"，设计开发民族服饰产品 430 多种、传统特色哈萨克毡房 22 种，产品质量上乘，不仅打开了当地市场，还销往哈萨克斯坦、吉尔吉斯斯坦、乌兹别克斯坦、德国、土耳其等国家，供不应求。她设计的服饰图案精美而寓意深刻，款式紧随潮流独具特色，尤其是结婚礼服，即便是当地人也需提前预订才能买到。而她成功的秘诀说来并不陌生，简单却不容易的四个字——传承、创新。

金艾斯古丽将这四个字活用在她的事业中。她的公司主要经营哈萨克民族服装服饰、旅游产品、哈萨克毡房等产品，产品始终坚持手工刺绣，但流程有所改变，区别在于，过去人们不画底稿，在心中形成图案，边绣边制，随机性较大，产出速率低，现在则先起底稿再刺绣。

在遵循传统工艺技法要求的同时，金艾斯古丽积极与其他企业合作，借助现代科技改良工艺，提高产品质量。比如，毛毡是制作毡房的重要材料，但传统的毛毡怕潮、易虫蛀、有异味，为解决这一情况，她与河北邢台一家企业合作，生产出防潮、防虫蛀、无异味的新型毛毡，并制作出特色特大毡房和大众生活实用毡房，从而推动非遗产品更好地适应市场。此外，她还针对不同的消费人群设计出生活服装、儿童服装、家纺用品等 430 多种产品，摸清市场需求，准确对接。

目前金艾斯古丽的公司以批量生产为主，已与特克斯县、昭苏县的 12 家农牧民手工合作社签订了"传统技艺培训 + 订单 + 利益共赢"合作协议，通过各地的销售点和合作社等途径分别向周边及内地城市、旅游目的地销售，特克斯县喀拉峻景区、牧区旅游村等都在销售她的毡房模型、刺绣品等非遗产品。

三、从非遗产品向旅游产品转化

2019 年 8 月 8 日，被称为"伊犁会客厅"的"丝路之光"旅游小镇正式投入使用。"丝路之光"旅游小镇是伊犁着重打造的集民俗文化、艺术创作、名优特产、特色美食为一体的文化旅游"名片式项目"，其中的哈萨克民俗馆格外引人注目。民俗馆馆体巨大，选用了充分展示民族文化的哈萨克族传统民族建筑——毡房的形态，由于位于小镇入口处，因而进到小镇抬眼便能看到这个占地约 315 平方米、高 8 米（普通毡房一般占地二三十平方米、高 3 米）的哈萨克族大毡房。而这个备受欢迎的民俗馆就是由金艾斯古丽团队设计、搭建的。

大毡房顶部呈弧形，顶端为近圆锥形尖顶，网状的红柳横竖交错搭成四壁的菱形圆栅和圆锥顶，构成穹隆状的立架。立架外面围上芨芨草编成的墙篱，再包上毛毡，顶部有天窗，覆以活动的毡子，可以通风。哈萨克族毡房的营造技艺距今已有两千多年的历史，包含雕、刻、凿、编、扎、染等多种工艺。不同的毡房扎围墙用的彩色主带、房门、毛毡的样式、花纹都有不同的要求。金艾斯古丽告诉我们，毡房制作的染料通常也都是营造者自制的，将染好的彩色毛线编成草帘、擀成花毡，再根据绘好的纹样进行绣制。

民俗馆馆内以展陈空间为主，整合了哈萨克族多项民俗类和传统技艺类非遗资源，分为餐具文化区、女士用品区、家族长辈区、文物陈列区、民族乐器区、特窝尔、贵族区、窝套、生活用品区、美食文化区、娱乐区等，既集合了多种传统毡房的功能，也向游客集中展示了哈萨克族的生活方式和审美习惯。

我们从金艾斯古丽的朋友圈里可以清晰地看到大毡房设计、绣制、搭建、布置全过程，也看到大毡房建成之后她和团队成员们的喜悦和自豪。她从各种角度用视频尽情地展示着大毡房的内外，晒着当地朋友和外来游客在大毡房中感受文化、欢聚交流的画面……

一个大毡房，成为伊犁文化展示交流、旅游观览体验的重要核心。这一案例说明，非遗传承人在文旅融合中能够充分发挥作用，以旅游为媒介，将"非遗"文化传递给更多人。

第三节　传统工艺价值的放大与转型的方向

　　从金艾斯古丽的案例中可见，在经济社会发展的不同阶段，现代工业产品、传统手工制品的价值认识会发生改变。

　　进入 21 世纪，尤其是近年来，社会崇尚"工匠精神"氛围形成之后，从大城市到中小城市，对手工制成品的认同在逐渐形成和扩大。更多手工制成品以中高端产品的形式重回日常生活，也面临着如何让更大范围的人发现手工艺的价值，这就要求从制作生产端、营销传播端进行提升。社会公众对手工艺、传统工艺价值认同的形成是一个过程，与当地经济社会发展水平息息相关，也与社会教育尤其是美育水平息息相关。从少数人（兴趣人群）到大多数人发现和认可手工艺的价值，也需要一个从小众爱好到大众消费的发展过程。同时，传统工艺又面临"文化热"与"市场冷"的状况。改革开放以来，传统工艺从大面积衰退到局部的、部分的、有条件的振兴，当前正处于转型期，也是转化升级的机遇期。

　　作为文化扶贫的重要组成部分，国家文化主管部门近年来连续推出多项举措，发挥非物质文化遗产尤其是传统工艺在助力精准扶贫方面的重要作用，包括确定"非遗＋扶贫"重点支持地区，支持设立非遗扶贫就业工坊等。中国艺术研究院研究员田青就曾谈道："如何让非遗保护工作紧贴国家重点工作和当务之急，充分发挥非遗在当代社会的重要作用，值得每一个非遗保护工作者解放思想，认真思考。非遗保护为人民，非遗脱贫大有可为。"

　　国际层面，贫困地区通过非物质文化遗产相关产品及服务贸易等实现收益、助力脱贫和致富，隶属于《保护非物质文化遗产公约》业务指南中"与非物质文化遗产有关的商业活动"。《保护非物质文化遗产公约》中也多次提及"提高对非物质文化遗产重要性的认识""扩大非物质文化遗产的影响""使非物质文化遗产在社会中发挥应有的作用"等与"非遗扶贫"相关联的基础理念。比如，业务指南第四章就有相关表述："某些形式的非遗可能产生的商业活动和与非遗相关的文化产品和服务贸易，可提高人们对此类遗产重要性的认识，并为其从业者带来收益。"而在国内《中华人民共和国非物质文化遗产法》第三十七条也明确写道："国家鼓励和支持发挥非物质文化遗产资源的特殊优势，在有效保护的基础上，合理利用非物质文化遗产代表性项目开发具有地方、民族特色和市场潜力的文化产品和文化服务。"可以说，非遗助力精准扶贫，是非物质文化遗产保护事业及其成果融入重大国家战略，充分发挥文化在经济社会发展中的作用，将资源优势转化为发展要素，参与脱贫致富、乡村振兴、社会治理等民生福祉事业的显著表现。

　　多位国内学者撰文论述传统工艺转型的方向，探讨如何从日常走向艺术。一方面，手工艺制成品的材料使用、质量管理等要从日用标准转向更高标准，从而放大手工艺的价值；另一方面，从追求大众潮流到追求多元个性，是否手工艺可以引导日用消费中的文化追求？消费个性的来源——传统手工艺的图案样式、工艺技法、文化内涵等的广泛挖掘、创新利用，都将成为潜在的文化消费及各类产品与服务消费的个性化资源宝库。因而，在生活日用、艺术欣赏的中间，文化消费及产品文化化趋势，为传统工艺技艺提供了巨大的发展潜在和推广载体。

第六章

高校开展的非遗传承人群研培计划

　　非遗传承人群研培计划的实施初衷是为了让传承人群能够在当下社会背景下可持续地传承非物质文化遗产，因此高校在开展相关研培课程前要确保课程内容的准确性与适应性，以高校的科研能力为研培计划夯实地基。

第一节　跟踪石河子大学的非遗研培

一、非遗研培高校：石河子大学

石河子大学专门成立了新疆非物质文化遗产研究中心。这个中心成立于
2011 年 7 月，以民族学、民间文学、民俗学等相关专业为背景，拥有良好
的田野调查与资料收集基础，是石河子大学首批重点人文社科研究基地及原
自治区文化厅命名的首批五个"新疆非物质文化遗产传承研究培训基地"之
一。近五年来，石河子大学出版了《清末民国新疆社会文化研究资料汇编》
等民族学研究及田野调查报告系列丛书，将这些民族学、民俗学田野调查报
告中有关民俗节庆、民间文艺、宗教仪式等一手资料内容予以有效利用，并
对该中心已开展的非遗田野调查资料进行数字化整理、分析，对本书研究提
供了重要的资料参考和调查积累。❶

石河子大学新疆非物质文化遗产研究中心近年来以实施原文化部、教育
部非物质文化遗产传承人研修研习培训计划为契机，以哈萨克毡绣布绣等为
传统工艺及衍生开发试点，举办了多期普及、研修培训班，110 余名新疆维
吾尔自治区传统工艺从业者参与。此外，与丝路易都民族手工艺制品公司合

---

❶　此案例大量资料由石河子大学新疆非物质文化遗产研究中心整理完成。

作，在学校新疆手工艺文创研发中心开发的4大类150余种刺绣衍生品中，近50%进入实际产品制作和产业销售，预计产值在400万元以上。在培训基础上期望打通新疆刺绣等传统工艺保护、传承和发展的各个环节，推动实现产业化发展。

中国非物质文化遗产传承人群研修研习培训计划（以下简称"研培计划"）是原文化部"十三五"规划重大文化项目和教育部"完善中华优秀传统文化教育指导纲要"的重要内容。国家启动研培计划的目的旨在通过组织研修、研习、培训，帮助非物质文化遗产传承人群提高文化艺术素养、审美能力、创新能力，不断提高中国传统工艺的设计、制作及衍生产品开发水平，从而全面提高我国非物质文化遗产保护传承水平，实现非物质文化遗产在现代社会的可持续发展，也是落实"中国传统工艺振兴计划"的具体举措。

可以说，研培计划成为近年来非物质文化遗产非自然流变的重要起因，是其在当代社会转型与经济的迅速发展之时，以更为积极的态度面对生存环境的改变，发挥自身的主观能动性去适应改变、谋求存续的举措。

以新疆刺绣为例，在13个世居民族当中，5个民族的传统刺绣手工艺被列为国家级非物质文化遗产名录（哈萨克族、维吾尔族、柯尔克孜族、蒙古族、锡伯族）、1个被列为省级非物质文化遗产名录（回族），这6个民族总人口占全疆少数民族人口98%。研培计划在当地的实施，不仅能够传承和弘扬中华优秀传统文化，提升传承人群实践能力，培养新疆少数民族刺绣及衍生品设计行业的领军人才，还能加快新疆刺绣产业业态化，激发少数民族人口创业增收活力，创造大量的就业岗位，实现少数民族传统手工艺振兴与少数民族人口创业增收的双赢局面，促进民族文化相互认同、共同进步，实现民族团结。

2016年，石河子大学作为原文化部、教育部中国非遗研培计划的首批高校之一，承担了"哈萨克族毡绣布绣""维吾尔族枝条编织""维吾尔族模制法土陶烧制技艺"三个国家级非物质文化遗产项目的培训工作，同时配套进行相关项目培训，如新疆刺绣传承人群培训班等。石河子大学拥有哈萨克族、维吾尔族、塔吉克族、塔塔尔族刺绣技艺与工艺流程及清代维吾尔族模戳印花布欣赏与模戳复原等课程基础；还开设专利与知识产权保护课程，普及相关法律保护知识，并就具体问题提供指导和帮助。培训自第二期起陆续加入了全国各地的行业从业人员、高校教师、设计人员的相关课程，多次组织学员赴自治区外交流学习。为了保证培训的顺利进行，课程还设置双语教学模式，并为邀请的外校教师、行业导师配置翻译，解决学员在课程中的语言沟通问题，帮助学员更好地理解美术与设计专业术语。

二、多年非遗研培经历

"强基础、增学养、拓眼界"是原文化部实施非遗传承人群研修研习培训计划的总体要求。"强基础"是普及班培训最为核心和关键的内容，"增学养"即提升文化素质和审美素养，"拓眼界"即增加对当代设计、市场趋势等相关领域的了解。石河子大学的研培计划遵循这一要求，注重夯实基础，逐渐累积，采用全脱产的培训模式，培训内容从基础的技法培训入手，逐步加入设计培训、营销培训等，循序渐进，帮助手艺人与市场接轨。

在实施过程当中，研培整体使用3+3课程体系，即主干课程、通识课程、实训课程与考察环节、"工艺＋设计"实操环节、展示交流环节。将各类课程相互交织起来，从理论知识、实训课程到产品的开发、管理与销售，努力做到学员在创业增收的同时反哺传承，实现非遗的自主动力传承。

自2016年开始，石河子大学已成功举办了十一期非遗研培，其中四期是哈萨克族毡绣布绣普及与提升培训，一期新疆刺绣传承人群培训，一期维吾尔族枝条编织普及培训，一期新疆柳编、草编传承人群培训，一期印花布织染技艺传承人群培训，两期新疆曲子培训，一期印花布织染技艺、编织技艺传承人群培训，此外，还有相关国家艺术基金项目"新疆少数民族刺绣及衍生品设计人才培养"等，均取得了显著成效。

研培对象采取不同地区划批次选拔方式，根据每期培训的不同目的，学员的技艺基础、设计水平的高低，分批次、划地域进行学员选拔。选取对象时注重发挥带头人作用，优先选取在当地从业者中具有影响力的学员，令其培训结束后回到所在地能够更好地带动当地的手工业产业的发展。

比如，哈萨克族毡绣布绣培训班第一、二期为普及培训班，对学员的技艺水平要求较低，第一期 50 名学员，全是哈萨克族，47 名女性，3 名男性，主要集中于北疆各哈萨克族聚居区，大部分是刚刚通过牧民安居工程定居下来的牧民，约 1/2 的学员来自祖国西北边境线。职业方面，这一期 1/3 的学员是刺绣农民合作社的负责人，1/3 是合作社的员工，1/3 是在家刺绣的家庭妇女。大部分学员的绣龄时间较长，但也有七八个学员是第一次接触刺绣。他们大多是想通过培训来提升刺绣水平和产品设计水平，还有一部分期望通过培养了解刺绣产业的发展现状，将来做一名合格的刺绣产业经纪人。第二期的培训学员范围逐步扩大到新疆生产建设兵团，主要针对传承人进行培训。第三、四期则为研修班，参与培训的学员都是经过兵团妇联、自治区原文化厅非物质文化遗产处、石河子大学授课专家团队等严格筛选的、具备较高技艺水平和传承能力的传承人、手艺人。

又如，新疆刺绣传承人群培训班的培训对象则更多为非遗文创企业设计师、高校设计类专业教师和学生等有设计基础的学员。再如，"新疆少数民族刺绣及衍生品设计人才培养"项目的 30 名学员来自全国各地，此次培训侧重对民族刺绣应用能力的提高，学员均有一定的技艺及设计基础，均为经过严格遴选的对新疆少数民族刺绣及衍生品设计有研究、有热情的刺绣传承人、设计师和高校设计专业教师，涉及疆内外六个民族。其中少数民族学员大部分是在往届培训学员中择优录取的学员，在刺绣手艺、刺绣产品设计及经营管理理念方面表现出众，他们几乎都拥有自己创办的刺绣合作社、经营制作刺绣产品的公司或工厂，有的还创立了自己的刺绣服饰品牌。可见，以上培训参与人群是不同的，对民族刺绣的传承与发展也会产生不同角度的影响。

另外，在印花布织染技艺传承人群培训项目中，为了集中扶持和推动印花布产业发展，全部学员来自同一个自然村，尝试培训后"抱团"发展的可能性。2019 年举办的新疆柳编、草编传承人群培训班的培训对象均熟练掌握枝条编织、芨芨草编织、毛线编织、皮条编织、苇编等技艺，有 5 年及以上的从业经历。学员以企业、村落、合作社、手工作坊等为单位报名，优先接受合作社负责人报名，以便培训结束后学员之间能够相互交流，形成持续性的学习研讨创作氛围和集聚效应。

第二节　石河子大学非遗传承人群研培体系的建立与完善

一、以理论研究为研培基础

研培计划开展的初衷是为了让传承人群能够在当前社会背景下可持续地传承非物质文化遗产，因此高校在开展相关研培课程前要确保课程内容的准确性与适应性，以高校的科研能力为研培计划夯实地基。

以新疆曲子培训班为例，2019 年开设了两期。一期培训 32 天，面向新疆生产建设兵团第六师芳草湖、新湖、红旗农场，共计 30 名学员，年龄均不超过 60 岁；二期培训 30 天，面向来自全疆多地的 30 名学员。

两期培训班均为普及班型，帮助新疆曲子传承人群深入了解新疆曲子相关知识，并提升其文化艺术素养、审美能力、创新能力，在"秉承传统、不失其本"的同时，提高新疆曲子传承人群的表演技艺，加快新疆曲子走进现代生活的脚步，推动新疆曲子与各阶段学校教育、公共文化服务等方面的融合，拓宽生存发展的途径。

培训开始前，石河子大学组织赴兵团第六师芳草湖常青剧社展开调研，了解新疆曲子戏传承人群情况、民间剧社生存情况、研培学员需求情况等，就非遗研培实施方式进行交流；赴河南职业艺术学院调研，了解该校豫剧、怀梆、宛梆等戏曲类非遗研培班的实施情况，包括在学员招生、课程设置、分组教学、剧目教学、师资构成等方面积累的相关经验，进而结合新疆曲子的实际情况制定研培计划。

又以哈萨克族毡绣布绣为例。石河子大学在开展"哈萨克族毡绣布绣培训班"前，首先对哈萨克族毡绣布绣的历史文化与基础技艺进行了系统的调研整理。哈萨克族毡绣布绣历史非常悠久，为第二批国家级非物质文化遗产代表作项目，由新疆生产建设兵团第六师申报，属草原文化遗产，具有浓厚的民族特色和地域特色。项目主要分布在伊犁州、哈密地区的巴里坤哈萨克族自治县、昌吉回族自治州的木垒哈萨克族自治县及新疆生产建设兵团第六师、第四师、第五师的哈萨克族农场连队。从帽子到衣服，从枕巾到被单，从地毯到壁毯，从墙帷到彩带及鞋靴，毡绣和布绣在哈萨克族传统生活和现代日常生活中都有着丰富的功能和意义。在继承传统的基础上，哈萨克族在生活中不断创新，不断吸收其他民族的刺绣之长，逐渐形成自己独特的风格——不追求写实，而追求美好的想象、概括与夸张。毡绣主要以毛毡为载体，布绣更多的是绣在布料和平绒上，有拼画毡，平绣、纳绣花毡，几何纹样缝花毡等多种工艺。毡绣和布绣展现了哈萨克族妇女的智慧，以及对美好生活的热爱和追求，传递出哈萨克族人善良、和谐、勤劳、团结、好客与热情奔放的民族性格。

在对哈萨克族刺绣进行深入了解后，石河子大学在此后的"哈萨克族毡绣布绣培训班"中开设了"线描图案技法""哈萨克族传统图案阐释""新疆考古出土刺绣文物""哈萨克族传统图案的分类与命名"等课程，让学员首先对哈萨克族毡绣布绣的相关理论知识进行系统的认识与学习，为之后的实操学习奠定基础。

二、建立系统化的研培课程体系

在一定的理论研究基础上，石河子大学对研培计划进行了较为科学的课程体系设计。自 2016 年来，石河子大学共开展四期"哈萨克族毡绣布绣培训班"，也是该校最为成熟的研培项目。项目着重构架基础夯实、层次清晰的培训体系，将扩大传承人群队伍与提升技艺水平有机结合（第一、二期为普及培训班型，第三、四期为研修班型）。还推出"学院＋研究基地＋研发中心"的研培承担主体，实现科研成果向研培成果的转移和转化，并通过举办学术会议、建设硕士点、建设非遗学科群推动非遗研培深入发展。

（一）第一、二期"哈萨克族毡绣布绣培训班"课程设置

第一期"哈萨克族毡绣布绣培训班"从 2016 年 3 月 14 日到 4 月 10 日开展，来自兵团第六师、第八师和木垒哈萨克族自治县的 50 名学员参加本次培训；第二期于 2016 年 10 月 18 日至 11 月 15 日开展，来自兵团和自治区的 60 位哈萨克族毡绣布绣传承人参加。培训具体工作由该校文学艺术学院和新疆非物质文化遗产研究中心实施。

在普及班的培训方案设计中，"强基础"最为重要，一期培训着重从四个方面进行：一是规范工艺流程，利用工具增强图案的准确性，使学员绣制的绣品更精致；二是加大哈萨克族传统图案的教学，从分类和命名的角度来实施教学，帮助学员深层次地理解图案的文化内涵和象征寓意；三是通过色相环等方法，帮助学员建构哈萨克族传统图案的配色体系；四是引导学员用图像来物化头脑中的图案，并教授学生掌握图案变异、重组的方法。

相对应的课程主要分为四部分：刺绣要素训练，工艺流程改良，传统刺绣产品的设计与制作，家居产品、旅游纪念品、区域文化礼品的设计与制作。可见，前三部分的重点在传承，第四部分的重点在创新。刺绣要素训练部分主要包含针法、绣法和色彩搭配等内容。工艺流程改良部分主要强调了草图的绘制流程和一些辅助材料如硫酸纸、复图纸、素描纸、彩色可清洗水性笔芯的使用方法和缩放法的要领。传统刺绣产品的设计与制作部分主要侧重于传统图案要素的组合，传统配色方案的总结，濒危针法、绣法的复原等

内容。家居产品的设计与制作主要侧重于楼房、砖瓦房等现代家居环境所需产品的设计与制作；旅游文化创意产品的设计与制作主要是基于新疆的文化旅游、自然风光旅游而设计的产品；区域文化礼品主要是设计与制作以毡绣布绣为主要介质，凸显地域文化的文创产品。

（二）第三期"哈萨克族毡绣布绣培训班"课程设置

石河子大学第三期哈萨克族毡绣布绣培训班，2017 年 3 月 31 日开班。期间，课程增加了交流互动等单元，学员赴苏州工艺美术职业技术学院参观考察、实践交流相关手工艺门类的传承与创新，同时对苏州刺绣行业、相关企业和品牌、文创市场、苏州手工艺产业园区进行考察、学习与交流，结合专业理论进行案例研讨、合作探讨、创作实践，并安排讲座与实践课程，以激发传承人群的创作潜能，提升手艺人的文化艺术素养、审美能力和创新能力，使学员能够在秉承传统的基础上，有意识促进哈萨克族毡绣布绣技艺融入现代生活、融入时尚元素。

2017 年 5 月 5 日，哈萨克族毡绣布绣研修班结业。通过此次研修培训，哈萨克族绣娘们的技艺较之前几期有了明显的进步，绣品也从单一的生活用品拓展为旅游纪念品、文化创意产品和家居陈设用品。这种拓展不仅有利于扩大当地妇女的创业增收，还弘扬了民族文化、兵团文化。

（三）"新疆曲子传承人群培训班"课程设置

除了"哈萨克毡绣与布绣研修班"进阶式培训模式外，还有一类根据课程内容划分板块进行学习的培训模式，如"新疆曲子传承人群培训班"。研培课程设置为基础课程、拓展课程和实践课程三大板块，由石河子大学、新疆曲子剧团、河南艺术职业学院、兰州文理学院、新疆曲子传承人、国内戏曲及曲子研究专家等组成培训团队进行授课。

基础课程着重帮助新疆曲子传承人群深入了解非遗保护政策和新疆曲子的渊源知识，确立对新疆曲子相关专业理论知识与表演技巧、技术原理的系统认识和理解，提升音乐、戏曲表演等方面的基础知识和能力。拓展课程着重帮助新疆曲子传承人群增加对行业动态、社会需求的了解，包括团队管理、市场拓展、技能训练等。实践课程实施分组教学，以小组为单位开展互动教学，通过要素练习、剧目排练等课程，帮助传承人群加深对经典剧目的理解，促进关键技艺和创作难题的解决，最终以汇报演出作为结业成果。

三、非遗技艺传习与现代设计实践相结合

在针对哈萨克族毡绣布绣等非遗项目本身文化与技艺的学习外，研培计划还根据实际设计需求增设相关基础实践类课程。比如，哈萨克族毡绣布绣培训班中，学员除了哈萨克族毡绣布绣的基础刺绣课程外，还增加了产品设计的相关实践学习，传授给学员可应用的刺绣产品设计制作技能。在第二期培训中增加了"色彩搭配""互联网＋毡绣布绣的新型营销""毡绣布绣旅游创意产品开发""线描技法""图案构成""家居类创意产品的设计与制作"等课程，从素质拓展、要素训练、衍生品设计与制作三个方面进行了课程设计，更加注重设计与营销能力的训练，提高学员的市场意识，将哈萨克族传统毡绣布绣融入现代生活。

而 2019 年 10 月 18 日开启的新疆刺绣传承人群培训班则是石河子大学对之前各项传统手工艺研培班的进阶升级。本期研培班的绣种范围有所扩大，主要为哈萨克族毡绣布绣、维吾尔族刺绣等新疆刺绣及绣法，学员均为对新疆少数民族刺绣及衍生品设计有研究、有热情的刺绣传承人、设计师和高校设计专业教师，其中少数民族学员大部分是在往届培训学员中择优录取的学员。项目主办方向所有参与人员提供设计素材的 AI 图，匹配绣娘及绣法设计；跨界设计师则需要完成相关的配色、材料、款式、功能等设计。此培训

旨在加强刺绣艺人与其他创作群体的互动，提升其审美能力、创新能力，加快新疆刺绣文创产品走向大众的进程，促进传统工艺和现代设计理念相结合，扩大新疆刺绣非遗研培的影响力，激发新疆传统手工艺的生命力。

又如，印花布织染技艺传承人群培训班为普及班型，主要面向喀什地区英吉沙县招收国家级非物质文化遗产代表性项目印花布织染技艺传承人群，共 34 人。培训班聘请非遗传承人、设计师、知名品牌负责人、高校相关教师等开展专题授课培训，帮助传承人群加深对非遗政策、所持技艺相关知识与工艺原理的认识和理解，增加对行业动态、社会需求的了解，促进解决关键工艺和创作难题。实践教学则注重技能强化训练，探索印花布文创产品设计的规律，由传承人群与设计师、高校教师、设计专业大学生等群体互动完成达到多赢的培训效果。

四、研培成果落地化、产品化

研培计划最终落脚点在提高中国传统工艺的设计、制作及衍生产品开发水平，提高我国非物质文化遗产保护传承水平，实现非物质文化遗产在现代社会的可持续发展。因此在整个研培实施中，所有的前期调研、课程培训都要为最终的成果落地服务。

2017 年 5 月，石河子大学与兵团妇联共同建立新疆手工艺文创设计研发中心，推动原文化部、教育部非遗传承人群研培成果向兵团妇女手工艺合作社的转移和转化。"我们的绣娘们有高超精湛的技艺，但如何进一步向前走，如何更好地将传统技艺转化为市场上的产品，提升新疆兵团文创手工艺品的市场竞争力还需要专家的介入。"基于此，中心根据企业订单研发新产品，向妇女手工艺合作社提供完整翔实的产品设计图纸、材料方案、工艺解决方案，完成转化落地。

研发中心的建立是落实精准扶贫战略手工艺行业扶贫的体现，也是自治区和兵团提出的"充分发挥妇女在民族团结、社会稳定、长治久安中的特殊作用"的重要举措。中心还举办兵团妇女手工艺能力、设计创新能力、手工艺合作社管理、营销能力提升培训班，协助兵团妇联组织"兵团妇女手工艺文创设计大赛"；成立"兵团（妇女）手工艺行业协会""兵团（妇女）手工艺合作社联合社"，协助兵团妇联建设妇女手工艺"研发、生产、销售三位一体"的全产业链条新兴业态，为兵团贫困妇女的脱贫、扶贫工作提供理论、方法、方案、策略等方面的支持。

2019 年 10 至 11 月，新疆柳编、草编传承人群培训班在石河子大学举办，此次培训主要聚焦于帮助非遗传承人群提高设计、制作及衍生品开发水平，带动传统工艺走进现代生活。兵团第十三师红山农场及吐鲁番高昌区的 40 位哈萨克族、维吾尔族学员在石河子大学进行为期 30 天的培训学习。本期培训班基础课堂教学部分聘请柳编草编传承人、工艺美术大师、行业高手、设计师、知名品牌负责人、高校相关师资开展专题授课；实践教学注重传承传统枝条编织的技艺和技法，在提高传承能力的同时，积极推进高校与传承人群在互动中探索枝条编织的文创产品设计，产品类型主要包含家居类创意产品、旅游类创意产品、区域文化礼品三类，由传承人群与设计师、高校教师及学生助理互动共同完成。

五、衍生项目助力非遗研培

（一）"新疆少数民族刺绣及衍生品设计人才培养"项目

此外，国家艺术基金 2017 年艺术人才培养项目"新疆少数民族刺绣及衍生品设计人才培养"也在石河子大学开展。与以往注重非遗人群的刺绣手艺培训不同，本次培训主要围绕刺绣产品的设计展开，重点在于提升和增强刺绣手艺人的设计理念，增进刺绣手艺人和设计专业人才的交流互动及资源共享，扩展刺绣设计专业人才在多元文化风格中的创意空间。

围绕清晰的目标定位，本次培训为学员专门定制了课程体系和培训结构：主要由"新疆文化采风及手工艺调查模块""刺绣技能提升与刺绣语言体验模块""文化整理与设计图案提取模块""刺绣产品设计实践模块""分组设计样品制作模块"五个阶段组成，由全国少数民族艺术设计理论与实践领域的专家和新疆维吾尔族、哈萨克族、柯尔克孜族、锡伯族、塔吉克族、回族等少数民族刺绣优秀传承人及工艺美术大师进行项目培训。

在第一阶段的"新疆文化采风及手工艺调查模块"中，教学内容主要包含文化资源调查、手工艺品市场调查、少数民族村庄文化生态环境及手工艺振兴产业环境调查三个部分。从第二阶段的"刺绣技能提升与刺绣语言体验模块"开始，学员们进入理论学习和研讨阶段，国内艺术设计理论、刺绣技艺、衍生品设计实践等领域专家和学员分享了各自领域的研究和实践成果。培训实施分组教学，学员按照不同风格和特长分成 5 个小组，每个组分配不同的设计任务和主题，将调研、研讨、理论教学和创意设计实践相结合。第三个阶段的"文化整理与设计图案提取模块"又具体分为传统文化元素和图案元数据整理、新疆及"一带一路"核心文化元素元数据整理、兵团核心文化元素元数据整理三个部分。第四阶段的"刺绣产品设计实践模块"，主要包含新疆手工艺设计类旅游商品设计、新疆大众刺绣产品手工艺设计实践和"兵团的礼物"设计实践三个部分。到第五个阶段的"分组设计样品制作模块"，每组会增加 1 名指导教师，共同实施完成经过前四个阶段的积累而设计出的刺绣作品。对应的主要课程包括"文学与艺术设计""新疆文化意象与创意设计精品课程""产品设计方法学""刺绣与设计实践的课程指导"等，以训练学员的形象思维、联想思维等多种思维方式，引导学员从传统文化中寻找灵感、寻找意象，将图像表达与新疆自然、文学中的文化元素结合起来，为图案设计增添文化传播价值。

此后，在项目结业展上展出了参加此次培训的 30 名学员创作出的 150 余件手工艺品，这些作品集中展现了传统手工艺产品设计与制作的较高水准，体现了设计师的灵感与传统技艺间的完美结合。比如，参与此次培训的学员巴义尔将自己的皮雕技术与刺绣进行创新型搭配，制作出的皮包与首饰，传统中透露着时尚，民族元素中彰显着时代感，兼具实用性与审美性。培训结束后短短一个多月，好消息接踵而至，阿勒泰的哈萨克族学员巴格古丽·达娜、伊犁察布查尔县的锡伯族学员关永梅都被评为新疆维吾尔自治区工艺美术大师。

巴格古丽·达娜擅长哈萨克族传统服饰制作及刺绣。她也是当地的一位民营企业家，她的产品已经比较成熟，还有很大一部分出口国外，目前盈利和扩展市场已不再是企业所面临的主要难题，她更关心如何将传统手工艺融入前沿的设计，走到更广阔的天地。她结业展出的作品是一全套哈萨克族手工刺绣婚纱，精致的西方婚纱款式结合哈萨克族传统图案的刺绣，金丝绒马甲结合珠串的帽子，高贵大气不失隆重。通过此次培训她在技艺上得到提升，还对传统业务模块进行精化，整合相关资源，为企业提供更多的市场和发展空间。关永梅则是从姥姥那里承袭锡伯族刺绣衣钵，她的刺绣图案及技术都保留了原始的传统色彩。在研修班的两个月中她将传统图案的内在表征及文化意象等分享给了其他学员，并将现代元素、设计知识融入自己的作品创作中，她的刺绣地图《锡伯族西迁图》，通过精美的刺绣记录了锡伯族西迁的恢宏历史。她还根据锡伯族的箭纹、瑞兽纹等创作出口金包、女士服饰、腕带等成套的衣饰。

（二）多样化的研培衍生活动

在推进研培计划的实施过程中，石河子大学还衍生出了"民间艺人与大学生设计助理的一对四互助教学模式"（大学生参与非遗作品研发的设计助理模式，简称"艺人设计助理"）。这一模式是在哈萨克族毡绣布绣培训班的首期培训和二期培训中创造出来的，也是石河子大学向非遗研培输出的一个培训模式。石河子大学将非遗研培与视觉传达设计、美术学两个本科专业，艺术硕士中设计领域、美术领域六个专业方向的办学进行深度融合，衍生出这一模式，帮助研培学员理解掌握设计相关知识，并结对进行实践合作，让大学生有机会深度学习民族手工艺。

项目组还开展了"新疆新锐设计师时尚非遗公益体验活动""艺术家＋手艺人跨界体验活动"等，联合开展"石河子地区中小学美术教师非遗体验活动""石河子大学大学生非遗体验活动"等交流活动，让非遗在更多人群中生根发芽。

石河子大学的非遗传承人群研培计划为新疆地区的非遗保护传承与发展提供了一类经验做法，也在本地传承人群中积累了一定的声望，吸引各地绣娘前往学习。

阿丽腾娜依来自塔城乌苏市巴音沟牧场，目前在乌鲁木齐经营着一家少数民族服饰婚纱店。她选材、设计的婚纱及其他民族服饰都由店里的团队完成。阿丽腾娜依深知在现代潮流的发展中，祖辈传承下来的技艺是根本，潮流如何改变，民族文化永远不能丢失。她们在新颖时尚的服饰上加入民族元素的图案，令婚纱店的名气大增，但阿丽腾娜依并不满足现状，她知道还有很多哈萨克族民间艺人身上的精湛技艺自己没有学到。当她听说石河子大学哈萨克族毡绣布绣研修班正在选拔学员时就马上报了名。得知自己被录取后，她迅速安排好店里的事，加入到了石河子大学，同来自四面八方的学员开始了更为专业、系统的学习。"我想把我在这里学到的东西教给我身边的姐妹，带着她们一起做，也许在不久的将来我的民族服饰婚纱店会成为一个国际品牌……"

第七章

哈密维吾尔族刺绣"传统工艺工作站"

在原文化部、自治区政府与哈密市委市政府的支持下，雅昌文化集团与清华大学美术学院在哈密设立了新疆哈密传统工艺工作站，成为全国首个"传统工艺工作站"。

第一节　维吾尔族刺绣有了工作站

一、国家级非物质文化遗产代表性项目"维吾尔族刺绣"

哈密地处新疆维吾尔自治区东部，自古便有"新疆门户"之称，因其地处丝绸之路咽喉之地，长期受到中原文化与西域文化的双重影响，在漫长的演化过程中形成了独具特色的地方文化，这也使当地的维吾尔族刺绣蕴含着极为丰富多元的文化内涵。

哈密的维吾尔族刺绣具有鲜明的地方文化特色，它在维吾尔族文化的基础上，借鉴融合了汉满文化与佛教文化，是中华文化融合演化的代表之一。在艺术表现形式上，维吾尔族刺绣吸收了苏绣与京绣的部分技巧，形成了变化多样的绣法；同时吸纳了新疆地区与中原地区刺绣中的纹样，诸如比较常见的花草动物与寓示吉祥的图案文字等，形成了丰富的图样库。哈密的维吾尔族刺绣在传承发展的过程中，展现出多元的文化内涵与丰富的艺术表现，为民族学与民间艺术提供了宝贵的研究对象。

维吾尔族刺绣于 2008 年入选第二批国家级非物质文化遗产代表性项目名录。此后，哈密文化馆作为维吾尔族刺绣的保护单位，先后举办了 60 余期维吾尔族刺绣培训班，展览 31 场，研习活动 42 次，以提高维吾尔族刺绣的传承能力与影响力，为维吾尔族刺绣的传承与发展奠定了群众基础。

二、全国首个"传统工艺工作站"

尽管哈密的维吾尔族刺绣具有十分重要的传承价值，但也不可避免地存在诸如部分刺绣技艺失传、供需错位、产品品控不佳、设计能力较弱等问题，这些传承难点制约着维吾尔族刺绣的进一步发展。

2016年，哈密维吾尔族刺绣迎来了发展的重大机遇。为落实党的十八届五中全会关于"振兴传统工艺"的要求，在原文化部、自治区政府与哈密市委市政府的支持下，雅昌文化集团与清华大学美术学院在哈密设立了新疆哈密传统工艺工作站（以下简称"工作站"），成为全国首个"传统工艺工作站"。

工作站成立后，坚持产学研结合的发展模式，通过提升维吾尔族刺绣的传承发展活力，带动地方就业，提高绣娘收入水平，创立自主品牌，以"密作"品牌为系带，带动维吾尔族刺绣的整体产业化发展，成为"传统工艺工作站"的典型代表之一。❶

---

❶ 此案例部分资料由维吾尔族刺绣保护单位哈密市文化馆整理。

第二节　传承发展中的特点

在进行产业化转型前，哈密首先对维吾尔族刺绣进行了大量的理论研究工作。工作站成立之初，在原文化部与各级党委政府的商议下，首先确定了传统工艺工作站的具体目标：一是提高哈密地区民间刺绣的市场竞争力；二是培育本地品牌，走进现代生活；三是深入发掘传统工艺中的文化精髓，弘扬传统文化；四是开展研培工作，培养传承队伍。之后工作站的一系列具体工作都围绕着以上四点展开并向外延伸。

一、改良刺绣工艺，提高产品质量

在建立工作站之前，哈密地区的维吾尔族刺绣传承始终处于技艺保护阶段，存在着产品与市场脱钩的供需矛盾，缺乏市场竞争力。为解决这些问题，工作站成立后，在保留哈密维吾尔族刺绣传统工艺精髓的前提下，开始对其开展升级改造，实现哈密民间刺绣的"产品化"。

雅昌文化集团选派的 3 个设计团队——中国风设计师"密扇"、原创潮流品牌"灌木"、上海高级定制"秦旭"，先后前往哈密进行实地考察，与当地绣娘进行深入交流，并开展一系列创新设计培训。并针对哈密民间刺绣的材料、设计、制作工艺等方面进行改善改良，提高产品品质，使其更符合现代审美需求，形成了"消费需求—设计定位—设计创意—工艺选材—精工制作—品牌导入—市场开拓"的产品开发体系。工作团队以创新设计赋能传统工艺，有效地提升了哈密民间刺绣的市场竞争力，为其进行整体的产业化转型奠定了产品基础。

二、培育本地品牌，重视推广宣传

工作站借助哈密市公用品牌"密作"为平台，设立多个包含哈密刺绣元素的独立产品系列。目前工作站开发的 800 余款产品中，主要由三大品牌组成："灌木" 380 款、"密扇" 118 款、"MOODBOX" 300 款，产品类型以服饰、家居用品和办公用品为主，其中"灌木"与"密扇"以实体店与线上销售为主要渠道，"MOODBOX"以高级定制为主，秦旭团队推出的"花开了"与"心花怒放"系列，都以哈密维吾尔族刺绣为设计来源，并将刺绣元素融入作品中，先后在国内外进行展示推广。

在提高自身产品竞争力的同时，工作站为扩大品牌影响力，采取多种宣传渠道推广"密作"产品，先后参加第六届中国国际非物质文化遗产节、第四届中国非物质文化遗产博览会、第十一届中国国际文化创意产业博览会、第十三届中国国际文化产业博览交易会等。并大力推进电商平台销售，与线下宣传推广活动紧密结合，实现多渠道宣传推广，提升了"密作"的品牌影响力。

三、推动产业转型，实现规模效应

品牌与产业是相辅相成的，丰富多样的产品种类为品牌建立奠定了基础，而品牌影响力的扩大为哈密刺绣带来更多的订单，推动了哈密刺绣产业规模的扩大。工作站成立以后首批投入市场的 10087 件手绣产品就获得了可观的市场回馈，这批产品由雅昌文化集团负责产品设计，哈密本地刺绣企业及绣娘完成订单。

哈密传统工艺工作站为了对规模逐渐扩大的本地刺绣产业进行更加行之有效的管理，引入现代化的管理运营模式，对哈密本地的刺绣企业及绣娘进行系统化管理，推动哈密刺绣的整体向现代化产业转型。当地形成了"传统工艺工作站→手绣工坊→协会→合作社→合作组→绣娘"的链条模式，其管理架构主要包括两部：上游的工作站至协会，下游的合作社至绣娘。

上游的工作站、手绣工坊及哈密传统刺绣协会负责传承人群培训、产品研发、品牌导入、市场推广等一系列工作，具体分工各有不同，工作站负责各项工作的牵头协调与落实，手绣工坊与哈密传统刺绣协会更侧重于产品开发设计、质量把关以及做好市场销售推广，但三方都负责人员培训工作。截至 2018 年 3 月，哈密市共有刺绣企业 174 家，其中公司 19 家，个体刺绣店 155 家。

下游的合作社主要负责对绣娘进行组织化管理。截至 2018 年，哈密地区各乡镇成立的合作社共有 57 家。在乡镇之下，各村建立合作组，通过分组细化管理，有效地组织当地绣娘进行定期培训学习，提高合作社刺绣产品的标准化程度，并以此扩大经营规模，实现规模效应。通过下游管理，把握了产品品控，降低了生产成本，提升了合作社社员的收入水平，同时为当地更多妇女提供了就业机会。根据不完全统计，合作社社员收入比当地同类型非社员绣娘收入高出 10% 以上。随着信息时代的加速发展，合作社为了方便企业与绣娘沟通联系，建立了完善的绣娘档案，形成哈密地区统一的绣娘数据库，通过搭建平台提高沟通效率。

四、发掘工艺精髓，弘扬传统文化

近代考古发现证明哈密刺绣已有近三千年历史。在漫长的演变过程中，地处丝绸之路咽喉之地的哈密，与往来交流的中西文化碰撞融合，形成了独具地方特色的民族文化，并赋予了哈密民间刺绣独具一格的艺术风格。

工作站成立伊始，就将发掘哈密民间刺绣文化精髓，弘扬传统文化作为重要的工作内容之一，展开多项针对哈密民间刺绣的抢救性研究与整理。2016 年哈密市民俗研究院、清华大学美术学院合作开展了"维吾尔族刺绣花纹图案"课题研究，并于 2017 年举办"密图—新疆哈密维吾尔族传统刺绣团研究与设计汇报展"，集中展示课题研究的阶段性成果，对维吾尔族刺绣中的花纹图案进行了系统的整理分析与展示。

此外，工作站与哈密市博物馆合作，对 100 件清代维吾尔族服饰和 104 块清代补子进行拍照、断代，并加以妥善修复与收藏。最终，工作站在各方专家的合作下出版了《哈密之琇——哈密刺绣》一书，对哈密地区各民族刺绣图案进行了抢救性整理与研究。

通过课题调研、实物考察与文献整理，工作站对哈密地区的刺绣工艺进行了深入的理论研究，对盘金绣、打籽绣、堆叠绣等一批失传已久的针法进行复原，建立了哈密维吾尔族刺绣的文化图谱，为传统工艺创新提供了丰富多元的素材库，也为之后的产业转型提供了扎实的理论基础。

五、建立研培体系，培养传承队伍

对于传承人群的研习培训一直是工作站的核心内容之一，主要针对基础工艺与设计管理。哈密以工作站为平台，建立了"四级培训网"：一是基础技能培训，由合作社、手绣工坊对学院进行刺绣相关的基础技能培训，使其熟练掌握刺绣工艺流程与技法。二是提高刺绣熟练度，由工作站与哈密传统刺绣协会负责对经过基础培训的学院教授刺绣新技术，确保其能够高质量完成企业订单。通过从合作社到工作站层层进阶的方式，每年可培训 1200 名熟练工绣娘。三是引入设计思维。工作站与雅昌文化集团合作，通过引入设计师对绣娘进行针对性的设计培训，提高绣娘的设计能力。四是加强管理能力。通过原文化部与教育部的研培平台，让刺绣企业、合作社负责人或骨干绣娘参加高校研习培训，学习内容在刺绣技法与产品设计外，增加了"市场营销""企业管理"等课程。每年哈密会安排 2 ~ 3 批次，大约 100 ~ 150 人的本地骨干人群外出参加高校研培或设计培训。

在扩大提升绣娘群体的整体能力外，工作站还积极推动"刺绣进校园"活动。工作站联合哈密市教育局、哈密市科协，从哈密的 3 个优秀民族刺绣企业及合作社中选取 6 位维吾尔族刺绣传承人作为刺绣导师，为孩子们教授刺绣技艺。另有 30 位民族刺绣社团的老师走进学校，分别向哈密市 8 所学校三年级到八年级的学生讲授刺绣知识，并为其中对刺绣有较大兴趣、动手能力强的同学授予"小小绣想家"称号。通过非遗进校园的方式培养年轻一代对传统文化的兴趣与情感，拉近非遗与孩子们的距离，积蓄刺绣传承的有生力量。

第三节　流变后的正向表现

一、传统工艺传承能力显著提高

工作站经过多年努力，使哈密维吾尔族刺绣传统工艺的传承能力显著提高。截至 2018 年，共组织本地初级培训班 46 期，组织学员参加高校研培班 7 期，参与培训的人数达 5508 人次。工作站成立后的 3 年内，通过"四级培训网"的系统培训，使固定绣娘队伍由 4000 余人发展到 10000 余人，参与者达到 20000 人，培养了一批本地设计人才，提高了哈密刺绣产业的发展创新能力，培养了一批兼具传统工艺与现代审美的传承人群。

通过系统培训后的高素质传承人群，在实践过程中对哈密维吾尔族刺绣进行技术工艺改良，融入现代设计元素，让传统刺绣品更符合现代消费需求。与此同时他们也对传统文化精髓进行了更加深入的发掘、探寻，通过汲取传统文化中的养分滋养自己的设计创作。

2016 年在东方卫视的综艺《我的新衣》中，ARTPLUS 合作设计师品牌"密扇"将哈密刺绣融入现代服饰，在节目中亮相的大衣后背上是一幅来自哈密绣娘热娜古丽·素批的刺绣作品"西部骑兵"，这件刺绣品耗时三天三夜才完成。而在节目中的另外一件"密扇"作品，则将哈密唯——位传承了手工抽丝土法染色的六十多岁的人叔尢努斯独有的天然染色蚕丝线运用其中。正是在这种源源不断的传承力量汇入下，激发了哈密地区维吾尔族刺绣的保护与发展活力，实现了非遗的良性传承。

二、扩大本地就业，助力精准扶贫

新疆哈密传统工艺工作站作为全国首个"传统工艺工作站"，始终将提高传统工艺发展水平与扩大传统工艺就业容量作为首要目标。在工作站建立后的一年内，就形成了 3898 名专职从事手工刺绣的绣娘队伍，且一部分已经有了长期稳定的销售渠道。这些绣娘通过在家中完成手绣订单实现了本地就业，提高了收入水平。

随后的几年内，工作站不断扩大合作社规模，在哈密市下属各乡镇增加多个手绣工坊，吸纳当地低收入人群或贫困户加入，提高哈密维吾尔族刺绣在山区、农牧区的普及度，促进当地妇女就业。

根据不完全统计，约有 1000 名各族绣娘参与"哈密维吾尔族传统刺绣振兴计划"之中，参与哈密本地刺绣培训的绣娘也有近万人。绣娘通过完成手绣订单平均可增收 1500 元，其中技术熟练的绣娘增收达到 4000 元，一般的绣娘增收 1000 元左右，收入水平得到显著提升。

哈密传统工艺工作站在带动本地就业中的表现证明，通过对非物质文化遗产的生产性保护与产业化发展可以有效地实现本地就业，缓解贫困现状。2017 年在《中国传统工艺振兴计划》发布后，各省根据自身情况陆续建立本地传统工艺工作站，并将其纳入精准扶贫的范围。

三、自主品牌带动了产品创新发展

几年内，工作站立足于哈密维吾尔族刺绣的民族文化特色，建立自主设计品牌，通过品牌效应带动产品创新发展，进行多品类开发，在提高哈密刺绣的产品质量的同时，将传统工艺与现代设计相融合，迎合当代消费需求，积极推动供给侧改革，适应产品需求。

雅昌文化集团与哈密本地的刺绣企业或绣娘签订长期合作合同，由雅昌文化集团提供设计，哈密本地企业、合作社完成订单生产，借助雅昌文化集团等提供的展示推广平台，对哈密刺绣主题产品从高端服饰、中端服饰及文化旅游产品几个方面进行以市场为导向的研发。2016 年 9 月以来，工作站先后组织团队参加了第四届中国非物质文化遗产博览会、在北京恭王府博物馆举办的以"为民族传承，为生活创新"为主题的哈密传统工艺工作站阶段性成果展、在上海新天地太平湖公园举行的 MOODBOX2017 年春夏高级定制新品发布会、在北京举办的第十一届中国国际文化创意产业博览会等一系列展会。这些高端交流和展会推动哈密刺绣走向国际，使"密作"品牌在业内有了越来越高的知名度。

第四节　流变中的两个坚持

一、坚持刺绣中传统工艺的原真性

工作站的成立，是传统工艺顺应社会经济转型的一种尝试，在此过程中必然会存在针对传统工艺的改良与演变。通过工艺的改良，提高哈密维吾尔族刺绣产品的质量，使其更适合现代消费市场的需求。而以现代设计赋能传统刺绣，挖掘其中的文化元素进行结构重造，也为哈密维吾尔族刺绣的发展拓宽了道路。

在 MOODBOX 创始人兼设计总监秦旭一件名为"花开了"的高级定制作品中，礼服腰间设计是来自哈密绣娘热娜古丽的手工刺绣，图案源自热娜古丽的妈妈 50 多年前绣的一幅花朵。此后，MOODBOX 2017 年春夏高级定制新品"心花怒放"整个系列，都是以哈密维吾尔族刺绣为灵感源。这种现代服装设计与传统刺绣的结合是一种将非遗从文化遗产带入日常生活的方式。

非物质文化遗产作为"活着"的遗产，对它的解构与文物类遗产是完全不同的。在解构重塑的过程中需要格外注意传统工艺的完整性、真实性，把握其演变不绝的内在脉络。哈密维吾尔族刺绣作为一种传统刺绣工艺，有着千百年的演变历史，但始终保留着其自身文化组合不变，即独特的刺绣技法与民族符号纹样的结合。工作站在进行哈密维吾尔族刺绣相关的理论研究时，始终坚持刺绣技艺与图案符号并重的研究方法。

然而，一些与哈密维吾尔族刺绣相关的设计产品割裂了这种传统工艺的完整性。为了节省成本或其他市场需求，只将具有民族风情的图案符号引用到其他工艺或产品中，这无疑破坏了哈密维吾尔族刺绣的文化整体性。所以哈密传统工艺工作站需要对刺绣产品的设计制作进行严格把关，避免过度市场化、产业化带来的对传统工艺的破坏。

二、坚持深化产品供给侧改革

哈密维吾尔族刺绣的产业化过程已经逐步培育壮大了一批传承人群，订单量也在逐渐扩大，并带来可观的市场收益。但是相关的设计人才队伍仍有较大缺口，存在产品类型单一、市场占有率低等问题。今后应该继续加大设计人才的研培训练，扩大本地设计师群体，引入外来设计团队，建立密作大师工作室。同时，通过提高产品设计水平，丰富产品种类，提高哈密维吾尔族刺绣的产品质量，根据市场趋势灵活调整产业规划，深入推进刺绣产品的供给侧改革。

另外，可以通过建立哈密传统手工艺产业园，对哈密维吾尔族刺绣进行全方位的产业发掘。建立集生产、加工、销售、展览、观光、休闲、体验、娱乐为一体的综合园区，并纳入城市观光线路，成为宣传哈密、宣传哈密传统手工艺的平台，推动完善"非遗＋旅游"的文旅发展模式。

第八章

从生态文化角度解读"诺鲁孜节"*

传统节日也是非遗的重要类型，但与传统手工艺等在当代的传承与价值重塑逻辑不尽相同。诺鲁孜节作为一个国际性的节日，有着悠久的历史和深厚的文化底蕴，至今至少已有3000多年的历史。但庆祝诺鲁孜节的风俗与习惯一直沿袭了下来，比较完整地保留了节日的共有特性。

---

* 本章研究成果已部分发表：郑亮，王艳花. 诺鲁孜节日的生态文化阐释 [J]. 文化遗产，2018（2）：57-62.

第一节　丝路跨境非遗项目"诺鲁孜节"

一、人类非物质文化遗产代表作名录项目"诺鲁孜节"

"诺鲁孜节"2016 年入选了人类非物质文化遗产代表作名录项目，联合申报的国家包括阿富汗、阿塞拜疆、印度、伊朗、伊拉克、哈萨克斯坦、吉尔吉斯斯坦、巴基斯坦、塔吉克斯坦、土耳其、土库曼斯坦、乌兹别克斯坦等。在这些国家，3 月 21 日标志着新一年的开始，它被称为 Nauryz、Navruz、Nawrouz、Nevruz、Nooruz、Novruz、Nowrouz 或 Nowruz（诺鲁孜节的各种叫法），意味着"新的一天"，届时，人们将在大约两周的时间内举办各种仪式、庆典和其他文化活动。其中一项重要的传统，就是大家围坐在用象征纯洁、光明、生计和财富的实物装饰的"餐桌"旁，和所爱的人一起享用特别的一餐。人们穿上新衣，走亲访友，尤其要拜访老人和邻居。大家互赠由手工艺人制作的特色礼物，特别要送给孩子们。节日期间，还会有街头歌舞表演、与水有关的公共仪式，以及传统体育运动和手工艺展示。这些实践活动是对文化多样性和包容性的促进，有助于构建社区团结与和平。诺

鲁孜节日活动通过人们的观察和参与，由老及少，世代相传。❶

二、丝路新疆段的"诺鲁孜节"

诺鲁孜节作为一个国际性的节日，有着悠久的历史和深厚的文化底蕴，至今至少已有 3000 多年的历史，但庆祝的风俗与习惯一直沿袭了下来，比较完整地保留了节日的共有特性。究其原因，在于诺鲁孜节日体现了对自然的敬畏，即对具有"昼夜时分相等"之时及"新的一日""新年""春天"等节日内涵的认知，在更具体或富有实践意义的角度考虑，则是在诺鲁孜节自然万物开始复苏、重现生机时对生产活动意义的认知。诺鲁孜节日与日常生活紧密相关。换言之，从发生学的意义上讲，诺鲁孜节是人们在掌握自然规律的基础上形成的，并寄寓了改造自然与利用自然以提升生产效率这一良好愿望的一个节日。

由此出发，对我国庆祝诺鲁孜节的维吾尔族、哈萨克族、柯尔克孜族、乌孜别克族、塔塔尔族和塔吉克族等的节日活动也就可以从更普遍的生产、生活的意义上予以理解。那么，诺鲁孜节就属于节日起源说的两种基本形态即"农时节令""宗教、神话"中的前者，故有论者指出诺鲁孜节是大自然的节日："多少个世纪以来它始终体现着人民的良好意愿。它已成为……团结、和睦的节日，自由、解放的节日，大自然的节日。"❷ 因而，本书选择了诺鲁孜节作为研究个案，并从生态文明建设的角度观察这一传统节日的当代价值。

---

❶ 中国非物质文化遗产保护中心."一带一路"非遗项目译介第 8 期：诺鲁孜节＋罗马尼亚和摩尔多瓦共和国的传统壁毯制作技艺 [EB/OL]. (2018-03-23) [2019-11-09]. https://www.ihchina.cn/Article/Index/detail?id=9644.

❷ 阿合都热木·热合曼. 丝路民族文化视野 [M]. 乌鲁木齐：新疆大学出版社，1999：90.

　　诺鲁孜节在形成、发展的历史脉络中所具有的生态内涵已被学界关注。但同很多历史悠久的节日一样，诺鲁孜节并没有明显的生态层面上的文字记述，需要在各种文献中去爬梳与整理，需要在节日的时间确定、庆祝仪式、内容及隐喻几个层面考察公共或者群体记忆中涉及人与自然种种活动的生态意义。大体而言，诺鲁孜节的生态思想与文化主要体现在三个方面：一是关于水及其生态意义的记载；二是与树木有关的记述；三是节日狂欢的寓意表达。

第二节　从生态文化角度看诺鲁孜节

　　诺鲁孜节是维吾尔族、哈萨克族、柯尔克孜族等少数民族庆祝"新年"的节日，有着深厚的文化底蕴，其中最为重要的是从节日形成之初就具有的生态文化，主要表现在对水、树木的崇拜及人类自身身体与精神的狂欢三个方面。这些在诺鲁孜节发生、发展过程中形成的传统习俗，提供的是生态学意义上可资反思与借鉴的思维与实践模式，但应注意避免将传统习俗理想化、浪漫化，而要历史地作出评判。

一、诺鲁孜节与水

　　按照英国生态学家杰拉尔德·G.马尔腾的观点，"人类在生产资料方面完全依赖自然。因此（人们）有理由对自然是如何运作的保持敏感，并力求人类活动与自然保持和谐。因此我们有理由与自然合作。让自然为我们服务，而不是与自然斗争"❶。毫无疑问，水是自然中最为重要的一种资源，对动植物来说，均是必需品，几乎所有民族都存在对水的崇拜，也就存在大量关于水的传说与神话。很大程度上讲，古代先民对水的依赖超出了其他资

---

　　❶　杰拉尔德·G.马尔腾.人类生态学：可持续发展的基本概念 [M].顾朝林，袁晓辉，译.北京：商务印书馆，2012：134.

源。"的确，整个自然世界都是那样……森林和土壤、阳光和雨水、河流和山峰、循环的四季、野生花草和野生动物……所有这些从来就存在的自然事物，支撑着其他一切。人类傲慢地认为'人是一切事物的尺度'，可这些自然事物是在人类之前就已存在了。"❶ 而诺鲁孜节所在的"春分"更突出了对水的珍视。同时，庆祝诺鲁孜节的各民族又处在亚洲腹地干旱、半干旱地区，对水的情感不同于丰沛的湿润地区。

火、水、土、空气是自然界与人类社会中最为基本的四个元素，其中，水是最重要的一个元素。对水的崇拜也可以说是先民神秘而又直接的经验行为，蕴含着丰富的意义。在诺鲁孜节期间，人们在特定时间内前往水源之地，取水洗身，祈祷丰收。乌孜别克族在庆祝诺鲁孜节时，专门制作"水婆"木偶，流转全村，并有歌谣："快下雨，我的水婆／禾苗苗壮，我的水婆／告慰乡亲，我的水婆／水婆，水婆，苏里丹婆／五谷丰登，我的水婆／农民食足，我的水婆／……春天的使者，我的水婆／尽情的欢乐，我的水婆／水婆，水婆，苏里丹婆。"❷ 其中，"苏里丹"便是乌孜别克族对诺鲁孜节的称谓"sultani — nevrus"。显然，这种祈祷式的祝语或歌谣，指向的是先民在生产、生活中形成的简单经验，而正是直观的经验促成了对自然的敬畏，久而久之产生了与"自然为人立法"相关联的原始认知。对此，我们可以认为，在原始关联精神中，乌孜别克族的《水婆》歌谣即是先民生态意识的萌芽。另外，在马赫穆德·喀什噶里的《突厥语大词典》中，也存有不少关于"春雨"的诗歌片断。尽管并未明确提到诺鲁孜，但鉴于诺鲁孜节所在的时间段落，这些诗歌实质上可以理解为对节日期间雨水的描述，同样反映了对水的

---

❶ 余谋昌. 环境哲学：生态文明的理论基础 [M]. 北京：中国环境科学出版社，2010：233.

❷ 阿合都热木·热合曼. 丝路民族文化视野 [M]. 乌鲁木齐：新疆大学出版社，1999：84-85.

情感。如"春回大地冰雪消，凌汛滚滚起洪涛"❶"雨点儿纷纷扬扬，百花儿苗壮成长，珍珠脱壳而出，檀麝交融飘香"❷"冰消雪不留，山水淙淙流，青云冉冉上，悠悠似扁舟"❸。可以看出,《突厥语大词典》这些诗歌片断中对雨水的描述呈现出两种基本情况，一是泛滥成灾；二是适量的雨水是自然界生灵复苏生长的必需品，这也符合古代游牧民族或农耕民族对水的认识，同时也就在直接经验中形成了对水的敬畏。

在当今少数民族文献中，尤其是文学作品中，对诺鲁孜节的记载也充分传达出人们对水的情感。比如,《从你的褡裢中倒出一个绿色的世界》中写道:"诺鲁孜老人/从褡裢中倒出一个绿色的世界/冬天已过/万物复苏/我也唱起绿色的歌/春水在沟谷奔跑/像在祖母深深的皱纹间流淌的泪/"❹;《春天来了，快来吧，美人》中的"诺鲁孜与春天结伴而来，快来吧我的美人，河水龙腾虎跃，汹涌流淌，快来吧我的花匠"❺。与其说这两则诗歌中与水有关的"春水""河水"所蕴含的情感是出于对春天到来的惊喜，对四季更替的一种自然而然的反映；不如说是节日期间，人们对春水奔流所能带来的希望的理解。因而"祖母深深皱纹间流淌的泪"体现的是人们在诺鲁孜节期间对春水的期盼及春水到来的喜极而泣；召唤"花匠"的行为则是对节日传统的反映。再如，艾合买提·伊明的《诺鲁孜春游》:"走吧，朋友，我们到诺鲁孜泉边去，去饮马赫穆德老人曾经祝福过的泉水。这水肯定会使我们体质健壮，心灵宁静。"❻对当代文学文献中诺鲁孜节与水的记述或抒情，实际上

❶　麻赫默德·喀什噶里. 突厥语大词典（第一卷）[M]. 北京：民族出版社，2002：104.

❷　同❶：122.

❸　同❶：202.

❹　马雄福，等. 新疆维吾尔族诗歌散文选 [M]. 乌鲁木齐：新疆人民出版社，2013：136.

❺　中国作家协会. 新时期中国少数民族文学作品选集 [M]. 北京：作家出版社，2013：578.

❻　马雄福，狄力木拉提·泰来提，等. 新疆维吾尔族诗歌散文精选 [M]. 乌鲁木齐：新疆人民出版社，2013：263.

可以归置到民族集体记忆的范畴内考察。如此，上述作品中所使用的祈使句式的功能便是唤醒一种公共生活，"这种公共生活提供了通向它们的传统、传说和谚语这个宝藏的途径，并且要求它们按照对历法、节日习惯性的时间划分来规范它们的生活"❶。诺鲁孜节作为新疆部分少数民族甚至更大地域范围内民族的共同节日，在对水的作用与意义理解基础上出现的崇水活动在历史长河中发展为各民族的公共生活，形成一种民族的潜记忆或集体意识。这也是诺鲁孜节日传统在几千年的历史能够延续不衰的原因。

总而言之，无论是古代先民还是现今人们在诺鲁孜节期间对水的传说的反复提及或描述均在表明，节日期间"水"引起的各种现象已经是集体知识的表征，必须遵循一定的法则，最终也落实到一种"普遍的信仰的基础"上❷，即从"万物有灵""生生不息"发展到"自然为人立法，人为自然护法"❸的生态思想，充分体现了人类审视自我与自然关系的过程性。

二、诺鲁孜节与树木

绿洲农耕民族为了维持绿洲水土平衡，更加看重树木的保护，这是他们对其他物种在生态系统中作用的认识，更是人类自身参与、改变环境主观能动性的体现。"保护了树木，就维持了绿洲的水土平衡，每年的春分（阳历3月21日前后）这一天，维吾尔语称作'诺鲁孜节'，即新年之意，要举行拜水、拜树、敬土地、敬自然等一系列活动。"❹对诺鲁孜节日拜树活动的记载，

---

❶ 莫里斯·哈布瓦赫. 论集体记忆 [M]. 毕然，郭金华，译. 上海：上海人民出版社，2002：116.

❷ 列维·布留尔. 原始思维 [M]. 丁由，译. 北京：商务印书馆，1981：93.

❸ 唐代兴. 生态理性哲学导论 [M]. 北京：北京大学出版社，2005：26.

❹ 李崇林. 生态环境与民族经济文化关系分析：以新疆为例 [J]. 新疆大学学报（哲学人文社会科学版），2009，37（2）：74-77.

现存的各类文献十分稀少，但在民间，口耳相传中的"拜树"作为一种节庆活动在诺鲁节期间开展是真实存在的，也被记录在一些人类学研究著述中。"这是村民根据日历保持的唯一圣日，原因在于如果一月份的某日收集燃火的木材，木柴会非常干燥，没有水分，而在四月份，木柴又绿又湿，把它放在火里是一种罪。"❶ 古人既从树木中合理地获取生活之资，同时也充分考虑到树木的可再生程度。"又绿又湿"的树木作为"木柴"有悖于诺鲁孜节期间植物复苏、生长的自然规律，民众在心理上形成恐惧感。事实上，在诺鲁孜节期间不仅不能砍伐树木作为生产、生活资源，而且还需进行一定程度的种植，以保证树木资源维持在可资利用的水平上。"少男少女们兴高采烈地到河边植树，把它作为新一年的一种标志。他们严格地恪守着祖先们'与其继承父辈财产，不如拥有森林资源'，'伐一栽十'的遗训。"❷ 这是学者对如今欢度诺鲁孜节的民族民间活动的记录，采取民族志的方式对古代遗训与规定在植树活动中进行了还原。诺鲁孜节期间群众对树木的态度彰显的是利用与保护自然资源的心理，是在长期的生产生活中积累起来的极为朴素的经验，实质上也萌发出保护生态系统平衡的自觉意识。

但对待树木的态度或者植树活动的传统，是否是诺鲁孜节在形成过程中必须遵循的习俗，这一点目前并无明确的材料。值得注意的是，在古代持突厥语的民族中，对树木的崇拜有着深厚的历史渊源，有些民族甚至将树木视作部落的起源。比如，元代黄溍在《辽阳等处行中书省左丞相亦辇真公神道碑》中记载："公讳亦辇真，伟吾而人，上世为其国之君长，国中有两树，合而生瘿，剖其树，得五婴儿。四儿死，而第五儿独存，以为神异，而敬事

---

❶ 玛丽·博伊斯. 伊朗琐罗亚斯德教村落 [M]. 张小贵，殷小平，译. 北京：中华书局，2005：117.

❷ 阿合都热木·热合曼. 丝路民族文化视野 [M]. 乌鲁木齐：新疆大学出版社，1999：84 85.

之，因妻以女而让其国，约为世婚，而秉其国政。"在《高昌王世勋碑》中记有："畏吾而之地有和林山，二水出焉：曰秃忽剌，曰薛灵哥。一夕，有天光降于树，在两河之间。国人即而候之，树生瘿，若人妊身然。自是光恒见者，越九月又十日，而瘿裂，得婴儿五，收养之。其最稚者曰卜古可罕。"对于《高昌王世勋碑》所记内容，著名波斯史学家志费尼在《世界征服者史》中亦有详细记录。另外，《魏史·高车传》记"高车之众随军驾南讨，高车不愿南行，遂推袁纥树者为主，相率北叛，游践金陵，都督宇文福追讨，大败而还。"其中"袁纥树者"据学者考证，是回鹘部落首领名称。这几段记述也是目前论述维吾尔族先民树木崇拜必引的材料，据以论证民族的起源，是典型的树生神话。《乌古斯可汗的传说》同样有树生人的神话："树窟窿中有位少女独自坐着／她是个非常漂亮的姑娘／她的眼睛比蓝天还蓝／头发好似流水／牙齿好比珍珠／……乌古斯可汗看到了她／就情不自禁地爱上了她。"❶ 如此等等，均在表明，树木在新疆少数民族民间神话传说所具有的重大意义。那么，这些树木崇拜与诺鲁孜节期间的"拜树"是否有一定的关联？可以认为，新疆各民族的创世神话即树生人神话与民族的图腾崇拜相结合，生成了文化的认同，并在长久的演变中作为民族的文化习俗被继承下来。而诺鲁孜节所在的春天恰是树木抽枝发芽、生机勃发的时节，在季节性因素下，深化了对保护树木的认识。前文提及的"而在四月份，木柴又绿又湿，把它放在火里是一种罪"也正是出于此种理解。要之，这些也是我们认为诺鲁孜节是大自然的节日而非宗教节日的一个重要理由。

此外，从原始思维研究的角度看，不同民族之间出现的某些习俗上的相似甚至相同之处，也是可以理解的。"随着研究家们在地球上最遥远的地方，有时是在完全相反的角落发现了，或者更准确地说研究了越来越多的边远地

---

❶ 赵国栋，刘宾. 上古至高昌汗国时期文学 [M]. 乌鲁木齐：新疆人民出版社，1995：20-21.

区聚居民族，也就在其中的若干民族之间发现了一些令人惊奇的相似点，有时竟至在极小的细枝末节上达到完全相同的地步：在不同的民族中发现了同一些制度、同一些巫术或宗教的仪式、同一些有关出生和死亡的信仰和风俗、同一些神话等。"

在集体表象的形成中，"原始人周围的实在本身就是神秘的。在原始人的集体表象中，每个存在物、每件东西、每种自然现象，都不是我们认为的那样"，"它们暗示着从这个东西里发出了某种确定的影响，或者这个东西受到了这种影响的作用"。如此，我们对诺鲁孜节中的树木崇拜与原始先民中的树木神话也就有了关联的理论基础：树木崇拜均出自一种对神秘的、并无明显逻辑关系的而与他们生存环境紧密相关的实在物质的信仰。原始先民对自然界"神秘"性的理解，实质上是对人是自然中的一部分、人与自然必须和谐相处的简单而直接的知识的体现，并通过禁忌的形式在民间得以流传，而在智力发展相对低下的时代中，这种思维反而具有生态学的基本意义。我们从中可以得出最朴素的、符合马克思主义生态观的认识，"自然界是人为了不致死亡而必须与之不断交往的、人的身体"❶。也即是"自然界优先地位"的观点。

因此，诺鲁孜节日期间与树木有关的习俗传统，是否是节日的原生性仪式还是与各民族树木神话相关在生态学的视域中已经不需要过多的讨论。重要的是，我们可以从这种传统所传达出的人与自然关系的文化内涵中获得对生态文明建设有利的启示。诚如上文所述，原始先民对待自然的态度与人类智力发达阶段尤其是阶级社会出现以后完全不同，前者注重自然生灵的自由性与神秘性，从而萌发出敬畏心理，无形之间包含了生态保护的观念；而后者则秉持"一切生灵，水里的鱼，天空的鸟，地上的植物，都成了财产"这

---

❶ 马克思，恩格斯. 马克思恩格斯全集（第42卷）[M]. 中共中央马克思恩格斯列宁斯大林著作编译局，译. 北京：人民出版社，1979：95.

种自然观，也就造成了人类与自然的异化，导致了生态环境的退化与破坏。鉴于此，积极挖掘诺鲁孜节日拜树活动的生态内涵，为我们构建环境友好型社会提供了反思性质的话语资源。

三、诺鲁孜节日与身体、精神的狂欢

清代椿园（生卒年不详）在《西域闻见录》中记载："……老少男女，鲜衣修饰，帽上各簪纸花一枝，于城外极高处，妇女登眺，男子驰马较射；鼓乐歌舞，饮酒酣跳，尽日而散，谓之'努鲁斯'。"❶ 这是关于西域诺鲁孜节日狂欢的记录，被广为引用。在维吾尔族民歌中也有类似记述："开始了，诺鲁孜欢乐的日子开始了，/ 在这欢乐的聚会中，我们尽情欢乐。/ 穿上花道儿长袍，甩掉皮袄皮帽，/ 围坐在原野上，我们放声歌唱。/ 我们骑马叼羊，/ 今天是举办麦西来甫的好时光。"❷ 可见，在诺鲁孜节举行盛大的节庆活动在民间流行已久，并与其他风俗，尤其是与麦西来甫相结合成为节日狂欢的表现形式，被作为一种节日习俗流传下来。而在哈萨克族中，诺鲁孜节日同样有狂欢。"过节时，各家各户都用小米、麦子、大米、奶疙瘩等混合做成'纳吾热孜饭'。人们全都成群结队地从一个阿吾勒到另一个阿吾勒，走家串户吃'纳吾热孜饭'，唱'纳吾热孜歌'，互相拥抱，祝贺新年，祝愿在新的一年牲畜兴旺，庄稼丰收。"❸ "男女老幼还会欢聚一堂，举行阿肯弹唱、对唱、摔跤、绕口令、猜谜语等各种文娱游戏活动。人们更会在'冬不拉'的伴奏下翩翩起舞，唱起即兴自编歌词的'诺鲁孜歌'。"❹ 此外，乌孜别克族在诺

❶ 中国边疆史志集成编委会. 中国边疆史志集成·新疆史志（第一部）[M]. 北京：全国图书馆文献缩微复制中心，2003：233.

❷ 买买提祖农. 求索集 [M]. 乌鲁木齐：新疆人民出版社，1995：41-42.

❸ 哈萨克简史编写组. 哈萨克族简史 [M]. 北京：民族出版社，2008：385.

❹ 王勇，高敬. 西域文化 [M]. 北京：时事出版社，2011：253.

鲁孜节也会举行"苏麦莱克仪式"聚会，柯尔克孜族会举行篝火晚会。如此等等，这些关于天山南北诺鲁孜节狂欢活动民俗学性质的描述，实质是新疆各民族人民借助节日展示自我生命力的记录，当然也包括民众对生产生活顺利的寄托之意。换言之，庆祝活动中的狂欢是人类本身对生命的尊重，是从"人"以外的自然物种回到自身的形式，从而实现了人与非人物种在自然系统中的结合，这是深层生态学的意义。

按照巴赫金的理论，狂欢总是身体的狂欢，与节日、广场关联在一起，形成一个身体的时空体。"凡是节日的民间——广场充满自由精神这一方面得以保留的地方，与时间的这种关系就会保留下来，因而狂欢化性质的各因素也就会保留下来。"❶在新疆欢庆诺鲁孜节的各少数民族中，节日期间的各种娱乐、体育活动在历史的发展变化中，尽管形式不尽相同，但作为节日活动体现的是在时间与空间场域中的身体化的欢乐。尤为重要的是，在狂欢中，"一切等级都被废除了。一切阶层和年龄都是平等的"。同时，节日的狂欢也指向着"整体"，这在巴赫金对狂欢史的梳理中可以看出。巴赫金通过对歌德关于狂欢见解的爬梳，发现歌德将自然看作是整体、看作是包括人在内的一切，最终得出了"无论是土地、其他元素、太阳，还是星空，人都能在自己的肉体里及在自己的生命里生动地感受"的结论。由此，诺鲁孜节日中的各种狂欢，如骑射、叼羊、弹唱及麦西来甫等的开展，可以视作人类自身的一次社会化脱域，以强劲、自由的活动形式展示生命意识融入自然的过程。在这个过程中，既有现时欢乐的热烈情感，也有对未来美好的情感寄寓，如上文提及的哈萨克族在诺鲁孜节日互祝新年，祈愿丰收的习俗。换言之，在诺鲁孜节，民众发现的是节日的季节性意义，狂欢的所指也是人们对待整体自然的态度，即在季节的更替中，寻觅到人与自然持续发展的通道。

---

❶ 巴赫金. 巴赫金全集（第6卷）[M]. 李兆林，夏忠宪，等译. 石家庄：河北教育出版社，1998：251.

狂欢之后，随着紧张、繁忙的农事、牧业等活动的开启，各民族群众走向田野、草原，以实现新年祈愿。另外，一个可资说明的习俗就是，在诺鲁孜节并不存在宰牲的行为，在饮食上以玉米、大米、大麦、胡萝卜及各种干果等满足数字"7"制作"克缺粥"，"做这种饭时，一般不宰杀牲畜，而是用往年剩余的粮食和食品，并尽量做得丰富些，以示年年富足有余。"❶因此可以说，诺鲁孜节中的歌舞、体育、饮食等狂欢，是通过活动释放生命力而达成对未来的期许，是人们通往自然的一种形式。

马克思在《1844 年经济学哲学手稿》中写道："所谓人的肉体生活和精神生活同自然界相联系，也就等于说自然界同自身的联系，因为人是自然的一部分。"❷诺鲁孜节的狂欢表明的正是马克思生态学的观点：人类通过生活资料的生产而产生了与自然的历史性联系，自然同样对人类呈现出实践的意义。在马克思的唯物史观中，诺鲁孜节的各种节庆习俗所表征的是人类与自然的和谐相处而非单向地向自然索取的过程。不管时代如何变迁，欢度诺鲁孜节的各族民众所保留的节日习俗，通过狂欢中身体与精神快感的获得，展示出面向具有时令性质的季节生态的浪漫化心理。总而言之，人类自身在节日的现身，在习俗禁忌中跳脱出来展现自我生命的本真，毋庸置疑是人与自然最真实的联系。在生态批评的一般层面上，强调人类行为对自然的影响往往成为关注的焦点，但人类本身作为"自然的一部分"却在反思与批判中被遮蔽，实质处理的是人与自然对立关系在生态批评中的浅层模式。那么，诺鲁孜节日本身的自然性使人类自身活动同自然形态的变化有效地贴合在一起，也使节日的祈愿活动及其意义在狂欢中实现了生态的整体性。

---

❶ 茆永福. 诺鲁孜节、青苗麦西来甫与初雪节 [J]. 百科知识，1997（3）.

❷ 马克思，恩格斯. 马克思恩格斯全集（第 42 卷）[M]. 中共中央马克思恩格斯列宁斯大林著作编译局，译. 北京：人民出版社，1979：95.

第三节　现代社会可从诺鲁孜节中获取生态建设的智慧

诺鲁孜节作为自然和具有时令性质的节日，对其生态内涵的分析实质上要处理的是人、自然在长期的相处中如何持续发展、达成和谐共存的问题。显然，水、树木、人类自身这三个方面是必须纳入考察的基本要素。

对诺鲁孜节的传统习俗，我们需要在当代生态文明的建设中，梳理与研究节日的生态意义，但不能将传统理想化，"由于传统社会系统与其生态系统共同进化了几个世纪，因此传统社会与自然的互动更加持久，它们之间相互适应"❶。对此，我们应当有清楚的认识，对传统习俗的生态性，现代社会需要的是从中获取生态建设的智慧。在全球化的背景下，当代社会的发展、经济的繁荣，对人类生存环境构成了一定影响，保护生态环境应当成为每一个人的责任和义务。诺鲁孜节的自然性正是这一绿色理念的助推器，是我们研究其生态文化内核的应有之义，但需要注意的是避免将诺鲁孜节日的传统习俗浪漫化，而应与当前生态文明建设的要旨相结合，探索出一条可持续发展之路。

---

❶　杰拉尔德·G. 马尔腾. 人类生态学：可持续发展的基本概念 [M]. 顾朝林，袁晓辉，译. 北京：商务印书馆，2012：134.

第九章

丝路新疆段非遗流变中的价值取向

文化的融合使新疆地区的非物质文化遗产形成了"多元文化里熔铸，流动变异中传承"的特点。当代，由于横向文化传播的加快，流变效应也将波及更大范围的文化传承。

丝绸之路作为沟通东西方的经济文化走廊，长期受到中国、印度、希腊、伊斯兰文化的影响，是多元文明交汇之地。其沿线陕西、甘肃、宁夏、青海、西藏、新疆等地文化都呈现出鲜明的多元性特征，其中尤以新疆最甚。这种文化的融合使新疆地区的非物质文化遗产形成了多元文化特征，如维吾尔族谚语的内容明显受到阿拉伯文化、中原汉族文化、古波斯文化、古印度文化的多元影响。可以说，新疆地区的非物质文化遗产都带有"多元文化里熔铸，流动变异中传承"的特点。

新疆地区的非物质文化遗产项目涵盖了非物质文化遗产名录体系全部十个大类，包括国家级非物质文化遗产项目134项，自治区级非物质文化遗产项目314项（数据截至2018年第五批自治区级非物质文化遗产名录，不含扩展项目）。受到不同文化与民族的影响，新疆地区非物质文化遗产无论是在民族分布，还是地域分布，都呈现出聚集非均衡分布的特征。从民族分布来看，南疆地区形成了以维吾尔族非物质文化遗产项目为主体的分布区，北疆地区则形成了以哈萨克族、锡伯族、乌孜别克族、塔塔尔族等民族非物质文化遗产项目为主的分布区。从地域分布来看，乌鲁木齐市、伊犁州直属县（市）、喀什地区、巴州四地的非物质文化遗产项目占到新疆非物质文化遗产总数的约1/2。❶

以伊犁州为例，作为新疆地区非物质文化遗产主要的分布区域之一，位于新疆维吾尔自治区西部，西邻哈萨克斯坦。虽然深居内陆，但得益于其独特的河谷地形，形成了温和适宜的气候环境，被誉为"塞外江南"。且由于其地势平坦，伊犁河横贯于此，古丝绸之路草原段便由此而过。优越的自然条件，开放的往来贸易交流，吸引了各民族在此聚集定居与迁徙流动，让此地成为多文明的交汇之地，形成了多元的民族文化特色，也使伊犁地区出现

---

❶ 张佳运，高敏华. 新疆自治区级非物质文化遗产空间分布及地域分区研究 [J]. 干旱区地理，2016, 39（5）：1128-1134.

了丰富多样的非物质文化遗产。

作为历史上西域的政治、经济、军事中心，伊犁州聚集了大量人口，除了是哈萨克族最大的聚居区之外，同时还聚集着维吾尔族、回族、柯尔克孜族、蒙古族等少数民族，形成了多样的民族文化与非物质文化遗产。截至2017年，伊犁州有国家级非物质文化遗产项目 19 项，自治区级非物质文化遗产项目 53 项。❶ 其中，伊宁市及伊宁县拥有自治区级非物质文化遗产项目11 项，尼勒克县拥有自治区级非物质文化遗产项目 6 项，特克斯县拥有自治区级非物质文化遗产项目 2 项；涵盖了传统音乐（6 项）、民间文学（4 项）、传统美术（2 项）、传统技艺（2 项）、民俗（2 项）、曲艺（1 项）、传统舞蹈（1 项）及传统体育、游艺和杂技（1 项），门类较为齐全。本书研究团队对伊犁州进行覆盖多个县、多个非遗门类的实地调查。

---

❶ 伊犁新闻网. 伊犁非物质文化遗产保护应传承与创新并举 [EB/OL]. (2017-02-22) [2019-11-30]. http：//www.ylxw.com.cn/2017/0222/78012.shtml.

第一节　非遗项目的存续与流变状况

一、自然演变带来非遗项目的流变

无论是传统表演艺术、传统工艺技艺，还是民俗节庆活动，都与其所处的自然和社会环境关系紧密，受环境变化的影响。

（一）与社会发展水平提高同步发生的流变

"叼羊"是哈萨克族代表性的传统体育、游艺和杂技类非物质文化遗产项目，也是当地仍旧经常可见、民族特征显著的体育娱乐活动。"叼羊"缘起于"叼狼"活动，在游牧文明时期，牧民深受狼害之苦，因此每次牧民猎到狼后，都会将狼驮于马上奔跑，然后大家一起追逐争抢。❶"叼狼"本是一种捕猎后争夺战利品的偶发活动，后来逐渐演变为一项固定的节日仪式，同时，随着生态环境的改变，马上所驮的狼也由山羊来替代。

从争夺战利品到节日助兴，这样的改变源于社会经济的发展、牧民生产方式的改变及生活水平的提高。牧民的生活方式从单一的游牧打猎转变为多样的谋生选择；与此同时，精神生活方面开始追求娱乐性，由此"叼狼"便

---

❶　王小平. 哈萨克族（中国新疆民族民俗文化系类丛书）[M]. 乌鲁木齐：新疆美术摄影出版社，2006：177-179.

逐渐变为"叼羊"，而这通常又伴随着一个漫长的演变过程。

（二）人口迁徙与文化融合下的自然流变

新疆伊犁州位于东西方文化的交汇处，又是多民族汇聚之地。人口的频繁流动带来了不同的语言、宗教和文化，民族性、交融性和流变性成为伊犁非物质文化遗产资源的几大特点。比如，乾隆二十四年，清政府统一天山南北，为加强对新疆地区的统治，开始实施屯戍政策，大批的军队、平民随之迁入新疆。人口的急剧增加，为新疆地区注入了新的活力，与大批的商业会馆一同落地的还有各种地方特色浓郁的戏班。当时新疆地区的传统戏剧种类就有秦腔、河北梆子、京剧、花鼓戏等近十种。这些戏种的交流与融合为伊犁维吾尔族戏剧等的成熟奠定了基础。

又如，人类非物质文化遗产代表作阿依特斯艺术，是由分居于国界两边但具有血缘关系的哈萨克人和柯尔克孜人共同分享这一文化遗产。每年一度的诺鲁孜节，哈萨克斯坦和吉尔吉斯斯坦两国会共同庆祝这个盛大节日，并表演阿肯阿依特斯，这是属于他们共同的文化记忆。❶这类跨境传承的案例也说明，交流的内在传承意义是大大超越地域、民族、国家限制的。

二、当代非遗流变的主要特征

自然经济时代，各门类非物质文化遗产项目的流变是人们社会生活改变的产物，是随时发生、自然形成的，多表现为一种自然被动的行为。而到了当代，社会转型与经济的迅速发展使各门类非物质文化遗产项目的流变不同程度地加速，甚至表现为一种积极主动的行为。

---

❶ 杨娇娇. 各表其枝：即兴对唱"阿依特斯"的跨境传承 [J]. 民族艺术，2017（4）：65-72.

对于非物质文化遗产而言，社会经济转型发展是机遇也是挑战。在日新月异的时代潮流中，如果一味强调要维持自然演变状态，就会使更多非物质文化遗产项目及其从业者无法适应社会环境变化带来的巨大挑战，实际上，应该以更为积极的态度面对生存环境的改变，发挥自身的主观能动性去适应改变、谋求存续之道。

在伊犁州，当地非物质文化遗产的传承与发展同样面临着社会经济转型发展的种种挑战，无论是政府非遗保护部门，还是非遗传承人及相关从业者都在做出相应的改变。这种流变过程主要呈现以下几个特点。

（一）产业化引导商品性非遗项目的流变

近年来，非物质文化遗产的生产性保护备受关注，主要集中在传统技艺、传统美术及传统医药这些门类。《关于加强非物质文化遗产生产性保护的指导意见》提出："非物质文化遗产生产性保护是指在具有生产性质的实践过程中，以保持非物质文化遗产的真实性、整体性和传承性为核心，以有效传承非物质文化遗产技艺为前提，借助生产、流通、销售等手段，将非物质文化遗产及其资源转化为文化产品的保护方式。"❶ 这一官方定义可以帮助理解"流变"与"生产性保护"的关系——这些具有商品性的非遗项目在当代的存续要依赖于适度的改变，核心目的是让非物质文化遗产资源发挥当代价值，转化为生产资源。这种非自然流变的方向是结合现代社会需求，期望的流变过程是良性且可持续的，外在表现为鼓励有能力有条件的传承人和从业者在坚守传承职责的同时，积极进行市场化、产业化尝试，以经济回报来维持和扩大非物质文化遗产的传承规模。

---

❶ 文化部.关于加强非物质文化遗产生产性保护的指导意见[EB/OL].（2012-02-02）[2019-11-02]. http://zwgk.mct.gov.cn/auto255/201202/t20120214_ 472825. html?keywords=.

哈萨克族服饰是国家级非物质文化遗产代表性项目，也入选了第一批国家传统工艺振兴目录。在实地调研哈萨克族服饰国家级代表性传承人金艾斯古丽的工厂时，课题组了解到，民族传统服饰在伊犁州仍旧拥有很大的消费市场，特别是婚礼等重要场合穿着的礼服、套装，这几年市场需求旺盛，已然开辟出稳定的中高端及订制市场。金艾斯古丽一方面持续挖掘和整理哈萨克族传统纹样及其文化内涵，从服装款式、装饰纹样、面料配件、制作工艺、穿着讲究等各方面传承民族传统；另一方面积极开拓民族服饰的生产性保护，创办"塔斯布拉克"品牌，并将服饰的设计、制作和销售，企业的生产、管理和营销等引入产业化思路。

当代，哈萨克族在日常生活中穿着民族服饰的人口比例越来越小，无论是城市还是乡村，人们生活日用都趋向于实用、便捷，尤其是年轻人群体，趋向于"快时尚"等当代衣着风格。但传统服饰仍旧有切实的应用场景，一是重要的人生仪礼场合、传统节日空间；二是一部分人开始追求个性化和身份认同的外化，希望穿着的日常服装上有体现民族特色的纹饰、配色等，认为这样的服装更符合民族审美取向和自我文化认同。

基于这一现状，金艾斯古丽在民族特色服装的设计和生产上寻求传承与创新的结合，一方面充分尊重和体现文化传统，另一方面又从款式改良、面料选用等方面结合当代审美和市场化需求。比如，哈萨克族婚纱系列，既照顾到当代青年女性对婚纱款式的青睐，又充分结合民族吉祥寓意的图案。近年来，在传统民族服饰之外开发结合类产品 430 多个品种，包括生活服装、儿童服装（婴儿服装）、家纺用品等，还将民族传统图案应用于木制餐具与厨具等其他日用产品中，满足本地市场的同时远销哈萨克斯坦等国家。

另外，民族服饰的制作也由手工作坊发展为现代工厂，从自主设计生产发展为自主设计生产与授权合作生产两种模式并行，由多个合作社共同完成生产，而销售渠道也与生产渠道相依托。比如，金艾斯古丽与伊宁县周边乡镇大批绣娘建立订单式雇佣关系，使工业化批量生产的产品得以保留一定量的传统手工元素。在常规的销售渠道外，2019 年 10 月，金艾斯古丽还在当地"丝路之光"旅游小镇搭建了哈萨克民俗非遗风情园，全方位展示哈萨克服饰、毡房及日用文化，将非遗与旅游相结合，传播哈萨克族传统文化。

（二）顺应当下需求的改良与转化

在新疆伊犁州的实地调研中主要看到两类主观改造的案例，一类是适应当代需要所做的局部改良，一类是非遗元素提取后的转化应用。

其一，制作工艺的局部改良。

以民族乐器改革为例。我国民族乐器改革经历了一个漫长的过程。中华人民共和国成立前，民族乐器改革多为民间个人自发行为。中华人民共和国成立以后，提出"百花齐放""古为今用，洋为中用，推陈出新"的社会主义新文化建设方针，推动了全社会文化改革的步伐。在这样的文化背景下，民族乐器的改革由自发行为逐渐扩展至全国范围的乐器改革，伊犁州的哈萨克族传统乐器改革也随之开始。

乐器库布孜是哈萨克民族文化传承的重要佐证，其酷似天鹅的造型，具有深远的文化符号意义。但在历史上，由于战乱等外力因素，库布孜曾一度面临失传的危险。20 世纪 50 年代，民族乐器改革在当地开始，库布孜也因此重新焕发生机并走向舞台。

目前，伊犁州的库布孜主要存在两种形制，一种是古典库布孜，一种是现代库布孜。据称，现代库布孜是 1950 年由哈萨克斯坦音乐家夏木浑·哈吉哈利耶夫带领研制而成，其主要仿照西方提琴的形制，将古典库布孜的马尾弦改为钢弦，由两弦增至四弦，从而扩大了库布孜的音域。由于其音域的改变，衍生出高音（普利马）库布孜、中音（阿力提）库布孜、低音（巴斯）

库布孜、特低音（昆特尔巴斯）库布孜四种形制，基本与四种提琴相对应。❶

传统的马尾库布孜音域低沉浑厚，实际上，库布孜早期只有祭司可以弹奏，因此其演奏形式多为独奏。而乐器改革后，现代库布孜的演奏方式演变为配合乐团的合奏形式。相关专家对这种乐器改革方向也有一定的争议，主要是认为：乐器改革在完善了民族乐器的形制、音域的同时，也改变了民族乐器本身的民族特色，变得同质化、西方化，如此一来是否真正地符合"洋为中用"的方针是有待商榷的。❷因而，改良的实际结果也需要从正反两方面认知。

其二，非遗元素的提取与转化应用。

从微观层面看文化融合的过程，就是一个相互补益或取长补短的过程，费孝通先生称之为"美美与共，天下大同"。提取与应用的过程，也是融合而流变的一种形式。哈萨克族传统服饰在当代的传承现状即隶属于此种类型。过去，兼具日常生活与节日仪式双重需要的传统服饰，随着现代生活观念的转变，在日常生活中的需求不可避免地淡化了。而与此同时，哈萨克族传统服饰中的元素被提取应用于现代日用服饰，深受当代哈萨克族人民的欢迎。

前文所举的金艾斯古丽案例也佐证了这一现象。她在产业实践中切实发现了人们对带有哈萨克族服饰图案、元素的生活日用服装的大量需求，因而开发不同风格、功能和消费对象的民族风格日用服饰。为进一步吸引年轻人群，金艾斯古丽还将婚纱、旗袍等现代潮流元素与哈萨克服饰传统相结合；或是将少量哈萨克民族元素应用于日用成衣。尽管元素提取后的应用是局部的、碎片化的，但这种转化应用使哈萨克族传统服饰获得了更大的生存

---

❶ 伊犁哈萨克自治州文化艺术研究所. 哈萨克民族乐器 [M]. 乌鲁木齐：新疆人民出版社，2014：92.

❷ 唐朴林. "乐改"何从？[J]. 中国音乐，2010（2）：1-6.

空间。

前文说到的骑马叼羊，除了哈萨克族，维吾尔族、柯尔克孜族、塔吉克族等都有这项传统竞技项目。但是，过去叼羊比赛一般在两个部落或两个群体间进行，而到了当代，叼羊已然演变为一项群众性体育赛事活动。据伊犁州体育总会相关人员介绍，叼羊这个民族体育项目已然制订了一套科学规范的比赛规程，与姑娘追、马上角力等项目一同被列为运动会的表演赛项目。

（三）趋同化流变使地域性差异减小

非物质文化遗产具有明显的地域性特征，即使是同一类型的非物质文化遗产项目，在其流变的不同地域都会形成迥然的风格与形式。比如，刺绣申报在册的国家级非物质文化遗产代表性项目就有 55 项，省级及以下数量则更多。实地调研中，课题组看到了锡伯族刺绣、哈萨克族毡绣布绣这两个非物质文化遗产项目，针法工艺、常用图案、配色习惯等都存在明显差别。但是也看到，近年来制作的绣品呈现出趋同性特质。比如，大量中原地区常用的牡丹花卉等图案出现在了民族地区刺绣制成品上；不同地区原本各成体系的绣法（相同的针法，叫法不同）也在互相学习交流中有所融合；最主要是绣品选材的趋同化，大量现代非天然材质面料、线材被使用。在观察和询问绣品买家与卖家之后，课题组也较为清晰地感受到制作习惯与消费习惯之间的深层次影响，当代审美习惯潜移默化地改变了大众消费者，也改变了手艺人的审美习惯。

比如，传统哈萨克族刺绣主要有毡绣和布绣两类，顾名思义就是在毡子或布面上绣制图案，因而主要区别在于材质，绣法与图案可通用。选用毡子作为原材料即体现了地域性特质，生活在伊犁州传统牧区的人们自然而然地就地取材，就连刺绣所使用的绣线过去也多为羊毛手工纺成的毛线，然后用植物染料上色，呈现的质感和颜色都十分质朴。而在花式图案方面，绣品往往带有明显的民族与地域特色，内容多与草原生活相关，构图采用连环对称形式，带有一定抽象性与象征性，不同的图案都有不同的符号含义。比如，毡房门帘上绣的几乎每个图案都有其含义，有时还承载了主人要告诉客人的信息。

但到了改革开放之后，大量来自中原地区的生活日用品进入当地市场，来自中原地区的花式、图案及绣法也开始在哈萨克族绣品中借鉴出现。目前乡镇市场上受欢迎的结婚套件等绣品都与父辈、祖辈使用的有差异，出现了越来越多外来的花式、纹样、材质等，整体风格也由质朴转变得更为艳丽。比如，涤纶纱线取代传统棉线，牡丹等颜色鲜艳的花卉图案大量在哈萨克族日用绣品中出现等。商品经济的发展加速了纺织类非物质文化遗产项目的非自然流变，哈萨克族传统刺绣也不例外。在尼勒克县绣娘带头人巴合夏古力的绣品店的调研过程中，课题组观察到：当代文化、中原文化与民族文化的融合极大地丰富了哈萨克族绣品的种类与样式；但同时，哈萨克族刺绣手艺人不同程度上会放弃传统，模仿中原及其他民族刺绣的精致工艺或流行图案。一方面导致了屈从于市场需求而降低民族特色，让流水线化的产品挤占了本地市场；另一方面，放弃了本地刺绣图案文化含义的表达，也转为追求其他一些代表性绣种的逼真、立体、光泽、精细等工艺特征，开始与哈萨克族刺绣的传统相背离。

（四）非遗项目的实用功能性减弱，装饰性与文化符号功能增强

随着生产力的发展，许多非物质文化遗产项目在现代社会逐渐失去了功能性及使用价值，过去是人们生产生活的必备知识、必需技能，而随着更为先进的工具、技术的出现，传统工艺技艺的使用价值被逐渐取代，装饰性和文化符号功能一跃成为其主要的当代价值。许多学者都认为，伴随社会的转型发展，这些非物质文化遗产项目在当代的存续面临着日常化与艺术化两条道路。

以马具和弓箭制作技艺为例。伊犁州的民族构成主要包括哈萨克族、回族、蒙古族、维吾尔族等，因而该地区的非物质文化遗产带有鲜明的游牧民族特征。骑射是游牧民族重要的生存生活技能，但随着牧民定居、退牧还草等生产生活环境的改变，牧民不再需要长途迁徙，牲畜也逐渐由散养转为圈养，生活方式逐渐由逐水草而居转变为了择地定居，骑马与射箭相关的工具和技能在牧民生活中的作用逐渐减弱，不再成为生活必需品。

因而，马具与弓箭在当代大部分是用于仪式表演，或成为装饰摆件，这种功能的转化必然导致其风格的转变。调研中，特克斯县的马具制作技艺传承人阿哈太·艾地力提到，他的父亲传授了他马具制作技艺，还专门留下了马具上花饰的制作模具；而他在制作马具的过程中，又设计了一些马具的花饰图案，丰富了花饰模具的样式。由此可见，装饰性已经在马具的制作中占到了很重要的位置。

而锡伯族弓箭制作技艺作为国家级非物质文化遗产项目，在其传承过程中，为了适应当下日常需求减少的情况，将弓箭产品分为两类：一类是传统弓箭，保留其传统弓箭特征；另一类是弓箭工艺品，该类弓箭的工艺精湛、外形美观，突出锡伯族弓箭的装饰性。❶

无论是马具还是弓箭，使用场景由生活常用逐渐转为主要在传统体育竞技之中使用，制作过程兼顾实用性和装饰性；并越来越多地被作为工艺品流通于市场，逐渐走向更具装饰性的华丽风格。

---

❶ 伊犁哈萨克自治州文化艺术研究所，伊犁哈萨克自治州非物质文化遗产保护研究中心．伊犁哈萨克自治州非物质文化遗产代表作 [M]．乌鲁木齐：新疆人民出版社，2014：204．

第二节　流变对当代非遗传承发展的正面影响

一、遗产资源合理转化为旅游资源，有助非遗可持续发展

天山南北拥有得天独厚的自然风光与人文景观，丰富的旅游资源带动了新疆维吾尔自治区社会经济的发展。近年来，随着观光旅游逐渐进入发展瓶颈，"走马观花"式的景点观光已经无法满足游客的需求，当地开始将非遗资源作为一类热门的旅游资源进行综合开发，为游客提供非遗体验类、活动类、服务类旅游消费内容。

从传承与流变的角度考量，许多非物质文化遗产项目适于转化为旅游资源，但势必会对非物质文化遗产项目原有生存状态产生影响，在文化尊重、当地受益、避免过度商业化等原则之下进行合理开发，又可有助于维系项目的活态存续状况。事实上，对于单个非物质文化遗产而言，封闭的传承模式在当代越来越少，而开放的传承模式则需要培养非物质文化遗产在当代生存环境中的自有维系动力。旅游可为非遗保护提供经济收入和文化交流渠道，因而可转化为非物质文化遗产存续的自发动力，有利于保障其相对稳定的传承状态。在此前提下，非遗与旅游的结合可为非物质文化遗产提供一类开放、良性、互促的可持续发展路径。

以新疆那拉提草原旅游区为例。那拉提草原位于伊犁州新源县那拉提

镇,属于温带山地河谷草原景观,被誉为"空中草原",自然资源具有很高的旅游价值。除了独特的自然风光,那拉提草原还承载了丰富的哈萨克民族文化。据了解,那拉提草原及周边地区的哈萨克族人口占到了新源县哈萨克族人口的83%,是新疆地区哈萨克族较大的聚居地之一,集中承载了哈萨克族的文化传统与风土人情,因而也拥有密集的哈萨克族非遗资源。近年来,那拉提草原旅游区开展了与民族非遗相结合的多元化体验旅游项目,将自然与人文资源、静态与活态景观相结合,建构伊犁州哈萨克族文化保护与观光功能兼具的"露天博物馆"。

非遗资源为当地旅游业高质量发展提供具有地方特色的新兴内容,同时,旅游业也为当代许多非物质文化遗产项目的传承发展带来了一些新的契机。以哈萨克族毡房营造技艺为例。毡房是哈萨克族游牧文化的重要载体之一,与毡房营造密切相关的毡绣就是国家级非物质文化遗产代表性项目,文化、艺术、社会、科学等价值都很高。但随着生产生活方式的改变,毡房逐渐退出了哈萨克族人民的日常生活。但与此同时,毡房又仍旧保有当地文化认同,是重要的民族文化符号,因而在当代被大量应用于当地的旅游景区和公共场所。

调研中了解到,过去哈萨克族毡房所使用的毡布存在异味重、防水效果一般、材质偏硬等问题,当生活条件不断改善后,当地人一度因为这些问题而放弃使用毡房,也曾直接影响哈萨克族毡房在当代的延续与发展。但到了最近几年,商业、旅游业等需求促使毡房制作工艺不断完善,一些新科技带来了毡房原材料的材质改良。首先是解决了毡布所带的动物毛发异味,提高了居住的舒适度,为旅游景区搭建毡房吸引游客居住体验解决了一大难题;其次是改良后的毡布较之以前更加柔软,这样就可以更好地进行毡绣,布绣中的一些针法花饰也能在毡绣中使用了,图案花饰更为精美,针脚也更为细密。因而,这种更具使用价值的毡布也从毡房营建扩展进入到室内软装,拓展出新的使用场景。

毡房材质的改良，符合当代人的实际需求，装饰性的提升也迎合了更多元的应用场景。

二、传承人群参加培训提高实践能力，加速了文化交流互鉴

原文化部、教育部于 2015 年启动了"中国非物质文化遗产传承人群研修研习培训计划"❶，旨在增强非物质文化遗产传承人及从业者的文化自信与传承实践能力。截至 2018 年，已有 112 所高校参与，其中就包括 5 所新疆地区高校。❷ 比如，新疆维吾尔自治区伊犁州有不少传统美术类、传统技艺类的传承人和从业者参加了研培高校组织的培训，如尼勒克县绣娘带头人巴合夏古力就参加了石河子大学举办的哈萨克族毡绣布绣的研培班。在研培班里，绣娘和服装设计师、产品开发人员协作，石河子大学就与丝路易都民族手工艺制品公司合作，将绣娘们的作品设计转化为各类日用产品，先后推出了 150 余款哈萨克族刺绣的衍生品，其中有 50% 的产品都投入了市场。

实际上，在"中国非物质文化遗产传承人群研修研习培训计划"实施前，一些非物质文化遗产项目已然开展了专业传承队伍培养性质的培训。比如，2012 年 7 月，首届和田桑皮纸制作技艺培养学徒培训班在墨玉县普恰克其乡布达村（桑皮纸制作一条街）举办。培训班由托乎地巴海·吐尔迪等 3 位桑皮纸制作技艺传承人担任师傅，对 38 名学徒进行了系统培训，最后以现场考试的形式评选出 35 名合格人员，均获得了由主办单位发放的桑皮纸

---

❶　文化部办公厅，教育部办公厅.关于实施中国非物质文化遗产传承人群研修研习培训计划的通知 [EB/OL].（2015-11-17）[2019-11-09].http：//zwgk.mct.gov.cn/auto255/201511/t20151119_ 474832.html?keywords=.

❷　文化和旅游部财务司 . 中华人民共和国文化和旅游部 2018 年文化和旅游发展统计公报 [EB/OL].（2019-05-30）[2019-11-09].http：//zwgk.mct.gov.cn/auto255/201905/t20190530 _844003.html.

制作的专用设备。这些学徒学成后，大多带动整个家庭从事桑皮纸的生产和销售。❶

除了传习层面的培训，各地还开展了大量普及层面的培训，从从业者扩展到潜在兴趣人群，尤其是青少年群体。以伊犁州特克斯县为例，冬不拉作为哈萨克族传统乐器之一，已然形成了独特的冬不拉艺术，包括冬不拉经典曲目、演奏方式与技巧、乐器制作技艺等方面。当代，冬不拉在当地还有着广泛的影响力，几乎家家都有一把冬不拉。特克斯县文化局已经举办了好几期面向社会尤其是青少年的冬不拉培训班，邀请当地冬不拉演奏技艺传承人担任培训班教师。这些学员从小生活在冬不拉文化氛围之中，因而在培训班中学习的积极性很高，几乎都能够完成培训，让冬不拉弹奏的曲调在哈萨克族年轻一代的手中响起。

三、延续"一带一路"区位优势，促进非物质文化遗产的国际交流

伊犁州西邻哈萨克斯坦，沿着边境线有霍尔果斯、都拉塔、木扎尔特等9个国家一类口岸，历史上就是"一带一路"沿线重要的边境关口驿站。因而，无论是过去还是当下，伊犁州始终处在国家间经济、社会、文化交流融合的节点之上。

伊犁河谷地区自古以来就是各民族交往交流之地，频繁的人口流动造就了伊犁文化的开放性与共享性。在非物质文化遗产的传承与保护方面，伊犁州与边境之外的哈萨克斯坦等国具有相通的民族文化根系，可交流、可协作的空间很大。

---

❶ 吴凤玲. 非物质文化遗产生产性保护的实践与思考：以维吾尔族桑皮纸制作技艺为例[J]. 新疆社会科学，2015（3）：117-123.

以库布孜这一传统民族乐器的修复、改良及演奏技艺为例，就有过许多的交流互鉴。20 世纪 50 年代，苏联时期哈萨克苏维埃社会主义共和国 "胡尔曼哈孜民族乐团" 访华时，将修复后的库布孜文物带入我国；20 世纪 90 年代，"胡尔曼哈孜民族乐团" 的民族乐器演奏家又在新疆举办了为期四个月的库布孜学习班，在艺术交流中，新疆库布孜演奏专业水平得以提高。

而哈萨克族传统服饰制作技艺的国家级代表性传承人金艾斯古丽则把哈萨克民族服饰销往了哈萨克斯坦等国家，其设计、生产的哈萨克族传统婚服在哈萨克斯坦等国家也极受欢迎。金艾斯古丽为了增强外销的竞争力，还专门设计开发了 99 套带有哈萨克民族风格的中式旗袍，将国外人民特别喜爱的中国传统服装款式——旗袍与哈萨克民族图案纹样相结合，作为创新型服饰外销品发掘更大的国际市场消费潜力。

以上两个案例说明，国家间非物质文化遗产的交流互鉴是双向的，不同门类的项目在同属于流布区域的不同国家的传承状态可能各不相同，而这种发展的差异正好推动了国家和地区间的文化交流，使文化表现形式在取长补短、相互借鉴之中实现可持续发展。与此同时，国际口岸这一区位优势不仅体现在高频的文化交流与共享上，也给具有商品性的非物质文化遗产项目带来了广阔而便捷的国际市场，为伊犁州非物质文化遗产的生产性保护、产业化发展提供了巨大的外销市场。

第三节　流变对文化多样性的负面影响

一、市场化对非物质文化遗产真实性的侵蚀

在社会转型发展的大背景下，非物质文化遗产在与当下社会融合、寻求自身发展的过程中，也需要时刻关注非遗在非自然流变中的适度性问题。比如，生产性保护是当下传统工艺类非物质文化遗产的主流保护路径，但是在商业化、产业化过程中，如何延续文化传统的真实性、尊重遗产持有者的文化并保障其应有权利等却是一个很难平衡的问题。

以哈萨克族刺绣为例，其花饰构图多采用连环对称形式，每个花饰都有截然不同的寓意，且经过一定抽象构思后组合成图案。比如，羊角花、羊排形状的花纹，其连接部分的特殊纹样代表着期望朋友之间保持联系、常怀感恩；骆驼蹄、马蹄形状的花纹多寓示家中富裕；公羊花代表幸福美满团圆的含义，常被用于布置新房的装饰等。特殊且复杂的符号含义，使这些花饰图案有着严格的使用规范，也让哈萨克族刺绣具有了截然不同的民族风格与文化内涵。但随着市场经济的发展，较为偏远的乡村贸易市场的开放程度也不断加深，大量价格低廉的纺织产品涌入，迅速冲击当地纺织绣品销售市场。更严重的是，低成本的机械织造、合成纤维面料及绣线、批量生产的织物图案逐渐影响着当地人的消费习惯和审美习惯。在市场经济的初级阶段，当地

绣品市场在无外力引导的情况下必然受到市场环境的影响，绣娘手中的传统从原材料到题材内容都或多或少被商品经济所裹挟而逐渐发生流变，甚至走向截然不同的风格，失去了原本的文化特色。

实际上，这种流变趋势的形成不仅归因于现代商品经济，也归因于地方文化自觉意识缺失。尽管非物质文化遗产不同于物质文化遗产，其存续状态的维系过程是活态的、可变的、发展的，但是对其文化内核的保护、文化多样性的保留还是需要被关注和强调。

二、现代生活方式与文化传统间的冲突与融合

在马克思关于生活方式的论述中，将人类的生存方式划分为生产方式与生活方式两大类。马克思认为，"'珍妮'纺纱机开启了'机械文明'时代，引发了'生产方式上的改变'，这导致了社会关系的改变，最终的结果是带来了'工人的生活方式'的改变"；"物质生活的生产制约着整个社会生活、政治生活和精神生活的过程"。❶换言之，生活方式建立在相应的生产方式之上。非物质文化遗产是人类在漫长的自给自足的生产方式中孕育而出的，因而当人类进入较为发达的工业生产阶段，开启现代生活方式之后，大量非物质文化遗产失去了自然经济阶段的生产工具、生活资料属性，这就是非物质文化遗产在当代必然会与现代生活方式相冲突的根本原因。

马克思通过历史唯物主义解释了生产关系与生活关系之间的联系，但与此同时，物质生产并不是改变生活方式的唯一因素。比如，有学者就提出，在17—18世纪，价值观及宗教信仰等也会影响人们的生活方式。而进入工业文明阶段后，人们逐步进入了消费社会，顺应潮流、追求个性等大众消费

---

❶ 马克思，恩格斯. 马克思恩格斯全集（第47卷）[M]. 中共中央马克思恩格斯列宁斯大林著作编译局，译. 北京：人民出版社，1965.

规律又成为影响生活方式的重要因素。近些年来，人民生活水平大幅提高，传统文化的重要性日益凸显，非物质文化遗产迎来了在当代向着可持续方向演进的最佳时期。让非物质文化遗产所包含的文化传统与现代生活更好地相互融合，恰恰是当代非物质文化遗产传承发展的关键。

第四节　正视流变的价值

总体来说，在非物质文化遗产传承发展的过程中，流变是其自始至终存在的客观事实，当代许多共时性的流变将会成为历时性的传承，而由于文化横向传播的加强，流变效应也将波及更大范围的文化传承。因而，当代非物质文化遗产保护需要关注流变，在预防与缓解趋同化等负面影响的同时，更要正视流变的价值，实际上，流变是文化传播的基础，也为文化传承提供了不竭的动力。

主要参考文献

[1] 丁玫，郑亮．针尖上的记忆与绣出的自我：哈密维吾尔族刺绣的文化人类学考察 [J]．西南民族大学学报（人文社科版），2019，40(6)．

[2] 柳田国男．民间传承论与乡土生活研究法 [M]．王晓葵，王京，何彬，译．北京：学苑出版社，2010.

[3] 迈克·克朗．文化地理学 [M]．杨淑华，宋慧敏，译．南京：南京大学出版社，2005.

[4] 全国人大常委会法制工作委员会行政法室．中华人民共和国非物质文化遗产法释义及实用指南 [M]．北京：中国民主法制出版社，2011.

[5] 萨尔瓦多·穆尼奥斯·比尼亚斯．当代保护理论 [M]．张鹏，张怡欣，吴霄婧，译．上海：同济大学出版社，2012.

[6] 斯蒂芬·李特约翰．人类传播理论 [M]．史安斌，译．北京：清华大学出版社，2009.

[7] 威廉·J.穆尔塔夫.时光永驻：美国遗产保护的历史和原理[M].谢靖，译.北京：电子工业出版社，2012.

[8] 文明传播课题组.从丝绸之路到"一带一路"：文明交流互鉴的全球化认知与人类命运共同体的构建[J].文明，2017（5）.

[9] 扬·阿斯曼.文化记忆[M].金寿福，黄晓晨，译.北京：北京大学出版社，2015.

[10] 杨红.非遗与旅游融合的五大类型[J].原生态民族文化学刊，2020，12（1）.

[11] 杨红.目的·方式·方向：中国非遗保护的当代传播实践[J].文化遗产，2019（6）.

[12] 伊犁哈萨克自治州文化艺术研究所，伊犁哈萨克自治州非物质文化遗产保护研究中心.伊犁哈萨克自治州非物质文化遗产代表作[M].乌鲁木齐：新疆人民出版社，2014.

[13] 伊犁哈萨克自治州文化艺术研究所.哈萨克民族乐器[M].乌鲁木齐：新疆人民出版社，2014.

[14] 依明江.维吾尔族手工艺文化研究[M].乌鲁木齐：新疆美术摄影出版社，2015.

[15] 张佳运，高敏华.新疆自治区级非物质文化遗产空间分布及地域分区研究[J].干旱区地理，2016，39（5）.

[16] 郑亮，王艳花.诺鲁孜节日的生态文化阐释[J].文化遗产，2018（2）.

[17] 中国民间文学集成全国编辑委员会，中国民间故事集成新疆卷编辑委员会.中国民间故事集成·新疆卷（上卷）[M].北京：中国ISBN中心出版社，1992.

[18] 中华人民共和国文化和旅游部国际交流与合作局.联合国教科文组织《保护非物质文化遗产公约》基础文件汇编（2016版）[M].北京：中

国数字文化集团有限公司，2019.

[19] 钟民和.一个真实的新疆 [M].北京：人民出版社，2009.

[20] 周菁葆.丝绸之路艺术研究 [M].乌鲁木齐：新疆人民出版社，1994.

后 记

南香红写了一本书叫《众神栖落新疆：东西方文明的伟大相遇与融合》，当我第一次行走在新疆的土地上，就感受到了东西方文明在这里相遇与融合，壮观之处壮观，隽永之处隽永……

感谢与郑亮教授及石河子大学吴新锋、李钦曾、张凡等多位老师的这场交集，感谢在石河子大学客座的那三年，走访了新疆不少地方，结识了众多朋友，或深或浅的交情都是缘分。

还记得2017年初春，石河子大学里积了一冬天的雪刚刚开始融化，我们就来了。我们和石河子大学的同事们并肩作战，梳理新疆刺绣类非遗传承与发展的现状。

还记得2018年初秋，一群新疆手工技艺类传承人围坐在石河子大学研培工作室里，她们展示着自己的手艺，也希望自己的手艺可以带来更好的生活。

还记得2019年刚过完年，我们就来了。伊犁州冰天雪地，还是要感谢石河子大学孙宁、杨超两位男同事，下乡路上白茫茫，他们有最好的车技和最暖的心意。

当然，还是去得不够多。只是外来者在本地学者带领下的一点记录和思考罢了……

杨 红

2020 年 11 月 15 日于北京